VINÍCIUS GUARNIERI

VIDA
MANUAL DO PROPRIETÁRIO

©Editora DSOP, 2016.
©Vinícius Guarnieri, 2004.

PRESIDENTE | Reinaldo Domingos
COORDENADORA EDITORIAL | Rita Ramos
EDITORAS DE TEXTO | Daniela Nascimento e Renata de Sá
EDITORA DE ARTE | Christine Baptista
DIAGRAMAÇÃO | Régis Mathias
PRODUÇÃO EDITORIAL | Amanda Torres
REVISÃO | Patrícia Dourado e Rafael Faber Fernandes
PCP | Adelino Martins
IMPRESSÃO | Intergraf Indústria Gráfica Eireli

Todos os direitos desta edição são reservados à Editora DSOP.
Av. Paulista, 726 – Cj. 1210 – Bela Vista
CEP: 01310-910 – São Paulo – SP
Tel.: 11 3177-7800
www.editoradsop.com.br

DADOS INTERNACIONAIS DE CATALOGAÇÃO NA PUBLICAÇÃO (CIP)
(CÂMARA BRASILEIRA DO LIVRO, SP, BRASIL)

Guarnieri, Vinícius
  Vida : manual do proprietário : como guiar a sua existência de forma próspera e receber do universo o retorno favorável ao seu desenvolvimento e a conquista da sua felicidade / Vinícius Guarnieri
São Paulo : Editora DSOP, 2016

ISBN 978-85-8276-145-8

1. Técnicas de autoajuda I. Título

15-10227   CDD-158.1

Índices para catálogo sistêmico:

1. Conduta de vida : Psicologia aplicada   158.1

QUER DESAFIO MAIOR QUE O DE EXPRESSAR
COM PALAVRAS O AMOR EM SUA ESSÊNCIA?
EM VERSOS, QUERO O LIVRO DEDICAR
AOS QUE ME ENSINARAM TUDO DE VIVÊNCIA E
QUE, NUM SIMPLES DAR AS MÃOS PRA PASSEAR
MARCARAM COM AMOR MINHA EXISTÊNCIA!

AOS MEUS FILHOS, MARINA E GUILHERME.

À ROSELI GUERRA, MINHA
HOMENAGEM E GRATIDÃO PELA
LEITURA AMPLA DA ESTRADA, DURANTE
A TRAJETÓRIA QUE PERCORREMOS.

AGRADECIMENTOS

Agradeço aos meus pais, Annabel e Eurícledes Formiga, pelas valiosas lições, orientando meus passos e me fazendo perceber as maravilhas da estrada, preparando-me para essa viagem tão rica que é a vida.

Aos meus irmãos, Quito Formiga e Maria de Fátima (Fafá), pelas sementes de poesia que plantaram e pelas demonstrações de amor ao longo da estrada que percorro.

Estendo meu carinho e minha gratidão aos amigos, sem distinção, flores à beira dessa estrada. Agradeço-lhes o perfume que exalam.

Vinícius Guarnieri

INTRODUÇÃO

O equilíbrio entre a obra e o autor, sempre determina o sucesso de um livro, e nesta obra, *Vida – Manual do Proprietário*, ambos estão em perfeita sintonia. A grande missão do escritor é narrar um texto que possa fazer a diferença na vida das pessoas, com ideias que possam ecoar por ela, tornando sua permanência no universo mais nutritiva e promissora. Vinícius Guarnieri cumpre sua missão como autor, ao escrever um livro que ensina, empolga e transmite mensagens verdadeiras e muito proveitosas para o dia a dia. Ensinamentos como estes podem fazer uma lágrima se transformar em um sorriso; uma tristeza, em uma alegria; um desespero, em uma esperança; e até trazer paz onde existir rancor.

As páginas estão repletas de momentos em forma de relatos verdadeiros, vindos de uma alma especial, conduzida por espíritos guardiões, que protegem os portais de nosso mundo. Obras literárias como esta precisam tomar as livrarias, chegar ao maior número de leitores possíveis para tornar a vida de cada um numa dádiva, ao praticar as recomendações aqui mencionadas. Em todo o livro, a condução pela visão humanista da vida está presente e pode ser notada a cada capítulo tão bem delineado na maestria do autor. Em um universo tão conturbado onde a sensação de que tudo está por caminhos estreitos, eis um 'Manual de Vida' para nos guiar pelos caminhos suntuosos de nosso interior e nos fazer felizes em nossa passagem pela Terra. Trata-se, então, de um livro especial, um momento de pura reflexão e transformação que nos conduz à mudança de contexto seguida de uma transformação em nosso comportamento para melhor e para perto do que é bom, assim como deve ser a vida que nos fora concedida.

Cesar Romão é escritor e conferencista com mais de 10 livros publicados, traduzidos em 51 países.

PREFÁCIO

Eu o conheci garoto. Inteligente, vivaz, alegre e educado. Acompanhei seu desenvolvimento, vi-o chegar à adolescência e à idade adulta, mantendo sempre o mesmo jeito de adolescente comportado, o mesmo ar de bom menino e o mesmo sorriso franco, simples e cativante.

Vi-o e ouvi-o como compositor e como cantor. Autor de letras bem cuidadas, melodias singelas – alegres e tranquilas, plenas de inspiração e de voz afinada e sonora. Vi-o, também, na trilha luminosa do pai, o grande Eurícledes Formiga, declamar as suas primeiras e inspiradas poesias...

Depois, foi a vez de ouvi-lo como conferencista, a proferir palestras criativas e motivadoras, em uma bem temperada mescla de cultura e bom humor. Agora, vejo-o despontar como escritor e percebo com satisfação e sem surpresa que o mesmo estilo despojado, terno e agradável que sempre caracterizou as suas obras nos outros campos da arte está presente no seu livro!

Nos meus cursos de oratória, sempre alerto que: "os 30 primeiros segundos de uma comunicação qualquer são fatais: ou o comunicador desperta, de imediato, a atenção, ou terá muita dificuldade em fazê-lo depois". Ao dar à sua obra o sugestivo título *Vida – Manual do proprietário*, Vinícius não apenas provoca a leitura do seu conteúdo: ele instiga!

A originalidade prossegue no título dado a cada um dos dez interessantes capítulos, não dando a menor chance a quem quer que o tenha nas mãos de interromper a leitura. A figura metafórica que escolheu – o carro – foi feliz e apropriada, pois, de longa data, o ente humano deixou de ser um animal de duas patas para se tornar um animal de quatro rodas.

Existem pessoas, e não são poucas, que cuidam muito mais do efêmero veículo automotor que transporta o seu corpo nos deslocamentos territoriais do que do "veículo" eterno que lhe transporta, na peregrinação terrena, o espírito imortal. A bela parábola de Vinícius chama a atenção para essa inversão de valores, fazendo-nos lembrar, forçosamente, da oportuna advertência de Teilhard de Cardin:

"Nós não somos seres terrenos tendo uma experiência espiritual; nós somos seres espirituais tendo uma experiência terrena."

João Baptista de Oliveira é escritor, conferencista e professor de comunicação

SUMÁRIO

DEDICATÓRIA	03
AGRADECIMENTOS	04
INTRODUÇÃO	06
PREFÁCIO	08

1. INFORMAÇÕES GERAIS — 17
1.1. Por que *Vida – Manual do proprietário?* — 18
1.2. A conquista — 24
1.3. Exercício para a conquista interior — 26
1.4. Poema – Soneto da conquista interior — 28

2. OPCIONAIS — 31
2.1. Opcional conhecimento — 32
2.1.1. Sem desistir — 38
2.1.2. Exercício em busca do conhecimento — 40
2.2. Opcional consciência — 42
2.2.1. A flor — 48
2.2.2. Exercício em busca da consciência — 50
2.3. Opcional prudência — 52
2.3.1. Na selva — 58
2.3.2. Exercício para o autoaprimoramento — 60
2.3.3. Poema – Opcionais — 62

3. NORMAS DE SEGURANÇA — 65
3.1. Segurança — 66
3.2. Sete normas básicas de segurança — 70
3.3. Sobrevivência — 72
3.4. Exercício para a segurança interior — 74
3.5. Poema – Segurança — 76

4. ORIENTAÇÃO — 79
4.1. Seu destino — 80
4.2. Sábia orientação — 86
4.3. Exercício de orientação — 90
4.4. Poema – Orienta — 92

5. VISIBILIDADE — 95
5.1. Seus faróis — 96
5.2. Sensibilidade — 102
5.3. Exercício de visibilidade — 104
5.4. Poema – Ver além — 106

6. CUIDADOS COM A APARÊNCIA — 109
6.1. Aparência e essência — 110
6.2. A semelhança — 116
6.3. Exercício de reflexão sobre aparência e essência — 120
6.4. Poema – Aparência — 122

7. EM CASO DE EMERGÊNCIA — 125
7.1. Bateria descarregada — 126
7.2. Problemas na parte elétrica — 132
7.3. Novo ânimo — 138
7.4. Exercício para os momentos de emergência — 142
7.5. Poema – Autocontrole — 144

8. GARANTIA — 147
8.1. Sua garantia — 148
8.2. Homenagem — 152
8.3. Exercício de reflexão sobre a garantia — 156
8.4. Poema – Garantia — 158

9. PLANO DE MANUTENÇÃO — 161
9.1. A manutenção necessária — 162
9.2. Sete fatores de depreciação do ser — 166
9.3. O ladrão arrependido — 168
9.4. Exercício para a manutenção dos valores do ser — 170
9.5. Poema – Manutenção — 172

10. CUIDADOS ADICIONAIS — 175
10.1. Qualidade e melhoria contínua — 176
10.2. Sete cuidados — 180
10.3. O tratador de cavalos — 182
10.4. Exercício dos cuidados adicionais — 184
10.5. Poema – Cuidados — 186

BREVE GLOSSÁRIO — 188

BIOGRAFIA — 190

1. INFORMAÇÕES GERAIS

POR QUE
VIDA – MANUAL DO PROPRIETÁRIO?

A ideia nasceu no trânsito da cidade de São Paulo. Divagávamos sobre os dias atuais. A pressa, a insegurança, a incerteza, a ansiedade... A cada semáforo, o assunto se estendia. Chovia muito. Na estrada, já fora da capital, a visibilidade era mínima, e a atenção, redobrada.

Conversávamos, cuidando para que não nos distraíssemos, e a ideia tomava forma. Durante muitos dias, refleti sobre aquele momento de tensão. Lembrei-me de situações similares, sendo inevitáveis certas comparações: o carro e a viagem com o ser e a vida. O tema foi definido: um manual do ser humano.

Vida – Manual do proprietário é uma analogia entre o automóvel e o nosso ser espiritual, considerando a máquina humana o veículo do qual ele se utiliza para a viagem momentânea que é a vida. A estrada é longa, a eternidade...

Se este manual pode ser comparado aos manuais dos automóveis, não é mera coincidência. Não me apeguei, entretanto, à ordem dos itens citados nesses manuais nem tive como preocupação manter um ou outro como imprescindível. Me deixei conduzir pela intuição, abordando livremente os temas, dando sequência aos capítulos, sem a preocupação de estar escrevendo para intelectuais ou estudiosos, mas para todos que apreciam pensar, fazer comparações, extraindo das experiências um aprendizado.

Poderia ter recorrido a incontáveis fontes, se o objetivo fosse outro. Preferi, ao contrário, dar vazão ao coração, reunindo histórias e ensinamentos colhidos até agora, como quem coleciona lindas conchas, encontradas nas areias de praias diversas.

É um livro de autoajuda? Deixo para o leitor responder a esta questão. O que me importa é que realmente seja um complemento, ajudando-o a refletir sobre a sua preciosa experiência, a sua grande viagem.

Há uma alusão, no mínimo curiosa, sobre o manual do automóvel, pois trata-se de um dos livros mais vendidos do mundo – indiretamente –, e um dos menos lidos. Não nos propomos a ler os manuais porque gostamos ou encontramos algum atrativo; somente quando há necessidade ou estamos próximo às revisões obrigatórias é que, às vezes, procuramos por eles. Porém, pode ser tarde se, em determinadas situações, não seguirmos o recomendado pelo fabricante: antes de ligar o carro pela primeira vez, leia seu manual.

E o que ocorre com a máquina humana que abriga o nosso ser? É entregue sem manual! Iniciamos a atual viagem ainda no ventre, em uma escuridão total, guardando segredos que, só aos poucos, vão sendo revelados.

Acreditamos que a nossa viagem não é regida por coincidências, embora a cada quilômetro percorrido tudo pareça surpresa ou obra do acaso. E, assim, em um clima de aventura, agradável ou árdua, cada dia é uma novidade, rica em experiências, permitindo-nos o aperfeiçoamento constante. Mas, de repente, sentimo-nos conduzindo a máquina, sem ter recebido maiores informações. Fazemos automaticamente algo que deveríamos fazer conscientemente: viver!

Em busca das realizações pessoais, estimulados pelos exemplos de sucesso que nos servem de modelo, procuramos extrair o máximo da nossa inteligência, muito embora seja reconhecido que utilizamos menos de 10% de nossas reais capacidades. Conhecemos os mecanismos que regem o nosso cérebro e os efeitos dos quadros mentais que produzimos, traduzidos como sonhos a serem materializados na nossa estrada da vida.

Somos capazes de mentalizar, de criar, de sonhar! E isto basta para vermos concretizados quaisquer ideais, bem como para constatarmos os efeitos dos pensamentos indesejáveis, produtos de medos e inseguranças que movem a descrença, favorecendo a autossabotagem.

E, frequentemente, disseminamos tais sementes da descrença, plantando em outros corações as frustrações que carregamos, desestimulando pessoas, destruindo sonhos alheios. Viver bem significa harmonizar-se com a lei universal.

Durante a viagem na estrada da vida, portanto, cabe-nos a reflexão constante acerca das ações diárias, em função do autoaperfeiçoamento que nos levará a colaborar com o sucesso, em todos os sentidos, de nossos semelhantes. Somente assim, alimentando o pensamento de prosperidade para todos, conseguiremos produzir o melhor, recebendo do universo o retorno favorável ao nosso desenvolvimento e à conquista da felicidade que almejamos.

A EXEMPLO DO ASTRONAUTA NO ESPAÇO, REVESTIDO DE ACESSÓRIOS E ORIENTADO POR INSTRUMENTOS DE PRECISÃO, IMPORTA AO HOMEM EQUIPAR O SEU SER COM OS INSTRUMENTOS QUE LHE PERMITAM IDENTIFICAR AS VARIÁVEIS DA ESTRADA, AJUDANDO-O A PERCORRER OS CAMINHOS ESCOLHIDOS, VENCENDO QUALQUER DISTÂNCIA PARA ATINGIR O SEU PRINCIPAL OBJETIVO: A EVOLUÇÃO.

A CONQUISTA

Em 20 de julho de 1969, o homem pisava na lua. O mundo acompanhava, ao vivo, as imagens emocionantes daqueles heróis que caminhavam lentamente sobre o solo lunar. A dificuldade de cada passo refletia uma conquista sonhada. Da mesma forma que Neil Armstrong, Edwin Aldrin e Michael Collins sentiram-se perplexos ao realizarem algo até então utópico, homens que participaram daquele projeto viam, atônitos, pela televisão, a cena de um sonho realizado.

Meu pai, movido pela euforia do poeta cósmico que era, um dia me acordou dizendo: "Filho, veja esta cena, o homem pisando na lua, veja". Lembro-me muito bem de olhar para a TV, ainda em preto e branco, transmitindo tão importante momento e responder: "Ah pai! Não quero ver isto! Quero dormir... mais tarde eu vou lá".

A atitude do menino aparentemente desinteressado, mas ousado, retratava o pensamento de uma época. O homem vencendo barreiras, conquistando o universo, e admitindo-se vitorioso. Partia para a grande conquista do espaço, valendo-se das limitadas informações a que teve acesso, que brotam daquele infinito, fonte de pesquisas para tantos estudiosos. O mundo entendeu e aprovou aquele valioso passo. A famosa frase de Neil Armstrong traduziu esse sentimento: ***"That's one small step for man, one giant leap for mankind"*** ("Este é um pequeno passo para o homem, um gigante salto para a humanidade").

Entretanto, a viagem principal, rumo ao próprio interior, o homem ainda deve fazer. Descobrir-se! Saber mais sobre a sua capacidade de amar, de compreender as próprias limitações e as dos seus semelhantes. Entregar-se ao autoconhecimento e encontrar os caminhos que o libertam dos sentimentos de posse que ainda o dominam. Admitir-se sem fronteiras para o amor universal, exercitando a doação e entendendo o verdadeiro sentido da palavra fraternidade, ao abraçar o seu semelhante na transferência da energia capaz de ajudá-lo em qualquer situação.

As respeitáveis doutrinas religiosas e filosóficas estabeleceram diretrizes para o autoconhecimento com a intenção de mostrar ao homem como conquistar a harmonia interior. Essa ainda será a meta daquele que deseja conquistar-se a si mesmo antes de sentir-se dono do espaço cósmico. A importância do autoconhecimento supera a da realização de novas e dispendiosas viagens e da descoberta de novos detalhes do universo – sem menosprezar os inúmeros esforços nesse sentido. A meta da conquista interior, a busca da sua essência, reflete a sabedoria do homem.

EXERCÍCIO PARA A
CONQUISTA INTERIOR

Dedique um momento do seu dia à reflexão. Inspire fundo, oxigenando-se! Prenda o ar por cinco segundos e solte-o, vagarosamente! Faça isso três vezes, esquecendo-se de tudo que o aflige neste instante. Faça uma retrospectiva da sua vida, desde a mais tenra idade: suas alegrias, seus desejos, seus momentos felizes, suas experiências caracterizadas pelos desafios.

Entregue-se, agora, à busca da serenidade e mergulhe mais em si mesmo, sem receios, sem medo de descobrir e reconhecer que possa ter falhado. Quantas oportunidades ricas. Você deve ter orgulho de ter aprendido tanto. O que chamou de fracasso foi, seguramente, o evento necessário para guiar os seus próximos passos em direção ao sucesso, na conquista de si mesmo. Pense se perdeu – e quando foi – a referência do que "queria ser na vida, quando crescesse", qual a contribuição que desejava dar ao mundo.

Sempre há tempo para mudar a rota, caso detecte um desvio substancial da essência em que acredita. Hoje, você deu mais um valioso passo na gloriosa busca do autoconhecimento.

Parabéns!

SONETO DA
CONQUISTA INTERIOR

Importa que te entregues à conquista
do território de teu coração.
Ainda há de bradares "terra à vista",
sentindo-te repleto de emoção.

Desprende-te! Não importa quanto dista
a tua essência, que perdeste em vão,
do ponto em que te encontras, futurista,
e de si mesmo sem a direção...

Por te sentires com tanta imponência,
vais deixando no espaço a experiência,
a marca incrível do conquistador.

Sem saberes ainda que é irrisória
esta conquista dos céus, tão ilusória,
diante do poder de teu amor!

2. OPCIONAIS

OPCIONAL
CONHECIMENTO

Discorrer sobre a importância deste acessório é realmente um grande desafio. Admitindo-se que a seleção natural desempenha um importante papel na história da humanidade, o fator aprendizado tem peso considerável na diversificação dos seres humanos e do seu estilo de vida. Não sendo os genes capazes de transferir conhecimento adquirido de forma objetiva aos nossos filhos, netos, bisnetos etc., cabe a cada um a tarefa de se preparar para a caminhada em busca das próprias realizações.

O conhecimento é a riqueza que não pode ser depauperada, uma vez que todos os campos da ciência são conduzidos com o intuito de aprimorar técnicas e de encontrar soluções que possibilitem o conforto, a saúde e o bem-estar crescentes do ser humano.

O cérebro vem sendo profundamente estudado, na tentativa de explicar o funcionamento da mente humana. Dentre os estudiosos, está Steven Pinker, professor de Psicologia na Universidade de Harvard, nos EUA, que, em seu livro *Como a mente funciona*, discorre detalhadamente, ajudando-nos a entender a complexidade do mecanismo da vida, os nossos movimentos e a responsabilidade cerebral nesse complexo sistema.

Apesar das diferenças entre os vários povos e civilizações que passaram pela Terra, em todos eles, o conhecimento foi, e ainda é, acessório imprescindível para o desenvolvimento humano. Na Antiguidade e na Idade Média, no entanto, o conhecimento, especialmente o científico, demorou muito para se desenvolver.

Thales de Mileto (624-546 a.C.), um dos "sete sábios" tradicionais da Grécia Antiga, por exemplo, foi estadista, matemático, astrônomo, filósofo e, provavelmente, fez as primeiras observações sobre um fenômeno elétrico, ao atritar um bastão de âmbar (em grego, *"eléktron"*) com um pedaço de lã, verificando que corpos leves eram atraídos pelo bastão.

Ainda no campo das descobertas sobre os fenômenos elétricos, Otto von Guericke, em 1672, iniciou os estudos sistemáticos sobre a eletrificação por atrito. Não se podia afirmar, entretanto, se a origem da eletricidade era animal, vegetal ou outra qualquer. Somente a partir de 1885, com as experiências de Henrich Hertz sobre as propriedades das ondas eletromagnéticas, foi confirmado que as ondas de rádio e luminosas diferem apenas em sua frequência. Até Guglielmo Marconi transmitir a primeira mensagem pelo atlântico, em seu telégrafo sem fio (1901), passaram-se mais de quinze anos.

Naquela época, afirmam os estudiosos de hoje, eram necessários mais de cem anos para que o conhecimento científico do mundo fosse duplicado. Atualmente, o tempo necessário para que seja dobrado o conhecimento humano é de, aproximadamente, dezoito meses.

Conhecimento implica mudança. Alvin Toffler asseverou, em 1971, em seu livro *O choque do futuro:* "A mudança é o processo pelo qual o futuro invade as nossas vidas, e é importante examiná-lo de uma maneira mais íntima, não a partir das grandiosas perspectivas da história apenas, mas também do ponto de vista privilegiado dos indivíduos que vivem, respiram e que o experimentam cotidianamente".

O opcional conhecimento está relacionado com o saber, com a busca por informações a respeito dos desafios da estrada. O conhecimento é renovável, melhor dizendo, é reciclável. Cabe ao homem moderno acompanhar tais alterações do conhecimento na mesma velocidade em que elas acontecem, caso contrário, estacionará; quando perceber, estará trafegando na contramão da história. A frase "o saber não ocupa espaço" tornou-se uma expressão popular e nos faz crer que, para o saber, não há limites.

A propósito, o conhecimento sempre esteve disponível. Basta que o interesse se sobreponha às barreiras daquele que deseja aprender. Para quem tem sede de conhecer, existem hoje, incomparavelmente, mais fontes e possibilidades do que quando o homem chegou à lua pela primeira vez. Vivemos em uma época significativa para a humanidade. Alguns comparam o advento da internet – que vem se desenvolvendo há mais de trinta anos – à Revolução Industrial.

Especialistas em comunicação e educação ainda não conseguiram entender o quanto a tecnologia da informação será capaz de mudar o mundo, de alterar o nosso estilo de vida. Alguns deles afirmam que haverá mais mudanças nos próximos cinco a dez anos do que houve nos últimos dois mil e quinhentos. O conhecimento, como opcional do ser, é fator fundamental na diferenciação da viagem e consiste no seu maior patrimônio.

Procuramos incutir nos nossos filhos o conceito de que o conhecimento é o que vale em um mundo tão competitivo e, muitas vezes, desprezamos a oportunidade de aprender, alegando falta de tempo em função do acúmulo de atividades. Enquanto nos enganamos, o tempo passa e os outros se destacam, desenvolvendo melhor as suas habilidades e os seus talentos pelo acréscimo de conhecimento que buscaram.

"O SABER NÃO ESTÁ NA CIÊNCIA ALHEIA, QUE SE ABSORVE, MAS, PRINCIPALMENTE, NAS IDEIAS PRÓPRIAS, QUE GERAM DOS CONHECIMENTOS ABSORVIDOS."
RUI BARBOSA

"A RESISTÊNCIA ÀS MUDANÇAS É FREIO ACIONADO EM PISTA DE LIVRE VELOCIDADE, CONFIGURANDO-SE EM ATRASO PREJUDICIAL, CARACTERIZANDO DISPLICÊNCIA PARA COM SEU DESENVOLVIMENTO."
V.G.

SEM DESISTIR

Eram onze filhos pequenos. Os pais decidiram deixar o Nordeste, onde a seca castigava sem dó, e trazê-los para a cidade grande, São Paulo, terra da esperança e de uma vida digna. Durante a viagem, uma tragédia marcou a vida da família que vinha em busca de um sonho. O pai morreu e deixou esposa e filhos sem o mínimo necessário para a sobrevivência.

Iniciou-se uma luta, mais cruel do que poderiam imaginar. Sem o pai, um dos braços mais fortes do lar deixava de existir. No Nordeste, apesar de todas as dificuldades, a terra os acolhia, havia amor e união na família. De repente, na cidade grande, a mãe já não conseguia tomar conta dos seus pequenos, que cresciam nas ruas, pedindo esmolas.

Um deles, porém, acreditava que a vida poderia e deveria ser diferente. José tinha apenas cinco anos e seus pensamentos já refletiam a intenção de aprender. Apesar de ainda continuar nas ruas, solicitando comida ou algo que as pessoas pudessem oferecer, o menino, ao contrário dos seus irmãos, passou a frequentar a escola e iniciou uma vida dedicada à busca do conhecimento. Para fazer as suas anotações, José pedia papel de embrulhar pães na padaria. Ele guardou, ao longo da sua experiência, essas anotações, que um dia lhe serviriam de base para consultas, já que os livros não estavam ao seu alcance.

José foi o único que perseverou no intuito de ser alguém de quem seu pai haveria de se orgulhar, onde quer que ele estivesse. Mesmo em condições desfavoráveis, o menino completou os seus estudos no ensino primário, ginásio e colegial. Chegou a fase mais difícil, a de preparar-se para o tão desejado vestibular da Fuvest. Durante três anos, José ganhou dos seus amigos e conhecidos apostilas para que pudesse estudar sozinho, pois não podia investir em um cursinho preparatório. Estudou exaustivamente e foi ridicularizado pelos companheiros pelas suas intenções de querer aprender tanto e ser diferente. Finalmente, os seus esforços foram recompensados e o garoto passou no vestibular para o curso de Engenharia da USP (Universidade de São Paulo).

Foram cinco anos árduos de estudos, estagiando em pequenas empresas, sem recursos, somente conseguindo pagar o aluguel do seu barraco, onde continuava a morar com a mãe e os irmãos. Certo dia, ao retornar da universidade, encontrou a sua casa em chamas e todos os seus pertences – inclusive as suas anotações de anos – destruídos pelo fogo. José chorou. Nem por isso desistiu de demonstrar a força da sua mente tão realizadora.

Logo após a sua formatura, foi contratado como engenheiro por uma pequena empresa. Dois anos depois, candidatou-se a um processo seletivo conduzido por uma montadora de automóveis, onde teve sua história valorizada por não ter deixado de lutar. Foi recrutado para um grande desafio, que exigiria a mudança para a Austrália, assumindo uma importante função, ocupando um cargo que o distinguia de centenas de engenheiros.

Os anos se passaram. Os seus irmãos se separaram, ficando na lembrança a saudade da época em que a família, embora muito pobre, era bastante unida. José, em toda a sua trajetória, buscou a instrução por valorizar o conhecimento, acreditando ser esse o diferencial para uma vida melhor, não importando as barreiras a serem transpostas.

EXERCÍCIO EM BUSCA
DO CONHECIMENTO

Diariamente, ao acordar, alongue os seus músculos, como fazem, naturalmente, os animais! Espreguice-se...

Proponha-se a explorar os seus canais de comunicação – visual, auditivo e sinestésico – observando, ouvindo e sentindo mais atentamente o mundo à sua volta (existem técnicas para expandir a comunicação, que podem ser objeto de aprofundamento neste campo).

Liberte-se de qualquer preconceito e evite julgamentos!

Este é o próximo passo, a fim de que possa perceber as informações que o universo providenciou hoje para o seu crescimento. Abra a mente e o coração, para que seja um dia de aprendizado em todos os campos da vida. Anote o novo! Pesquise mais, evitando viver na superficialidade.

Constate, ao final do dia, o grande benefício do aprendizado e agradeça pelo conhecimento absorvido. Reflita, nos quinze minutos antes de se entregar ao sono, sobre o que deseja conquistar, realizar, aprender e desenvolver. Seu cérebro trabalhará por você, enquanto dorme, em consonância com as leis do universo.

OPCIONAL CONSCIÊNCIA

Sem este opcional, o conhecimento é apenas um aglomerado de informações. Descobrir a consciência que administra a máquina humana é iniciar o processo de autoconhecimento, interagindo com as leis que determinam a harmonia do universo, tomando ciência das próprias falhas e dos valores assimilados ao longo das experiências.

Quem sou eu? Como sou? De onde vim? Para onde vou? Para responder a essas indagações, é necessário realizar uma viagem interior, a qual requer, primeiramente, a preparação para nos aceitarmos, inclusive aquilo que não nos agrada em nós, para que possamos seguir na grande descoberta. Ninguém conhece mais sobre esse indivíduo do que nós mesmos. O que importa é, efetivamente, olhar para dentro, sem medo ou vergonha, para vislumbrar como somos.

Divaldo Pereira Franco, em uma de suas brilhantes palestras, lembra a frase lida por Sócrates no portal da cidade de Delfos, na Grécia, e nos induz à tão relevante viagem: "Conhece-te a ti mesmo". Jesus Cristo conhecia-se, a ponto de definir-se: "Eu sou o caminho, a verdade e a vida!".

Sua mensagem contemplou o avaliar-se constantemente para aprimorar-se. Demonstrou, nessa frase, a segurança de quem atingiu o patamar mais alto da consciência, propondo uma diretriz para a conquista de nós mesmos, ofertando-nos a maior lição de perdão de que o homem já teve conhecimento. Jesus, por meio dos próprios atos, demonstrou o domínio da consciência sobre os próprios impulsos da máquina humana.

É grande a colaboração de inúmeros pesquisadores, estudiosos e escritores no tocante ao esclarecimento sobre a consciência humana. Cada um, à sua maneira, discutindo o autodescobrimento, a conscientização do homem, quanto à importância de cultivar os valores que derivam do amor, da humildade, da fraternidade, da honestidade, entre outros. As diferentes linhas de estudo originam conceitos distintos, mas que convergem para o mesmo ponto, que é o aprimoramento e a evolução do ser.

Alguns estudiosos do comportamento humano afirmam que, em determinada fase, somos apenas instinto. Reagimos por não saber agir. Ao atingirmos outro patamar da evolução, o raciocínio passará a predominar sobre os nossos instintos e, assim, passaremos a agir coerentemente. Quando o homem atribuir a real importância ao processo de autoconhecimento, na viagem interior em busca da consciência, estará apto a agir em todas as situações, em vez de reagir apenas, dando vazão aos impulsos do instinto. Até lá, reagirá por não se conhecer profundamente.

O SER EQUIPADO COM O
OPCIONAL CONSCIÊNCIA É
CONDUZIDO SOB CONDIÇÕES
DE MENOR RISCO.

A FLOR

Enquanto a tarde caía, conversávamos sobre os valores do ser humano.

Caminhávamos, os quatro amigos, pela calçada da praça principal de Lavras, em Minas Gerais. Estudantes da Escola Superior de Agricultura de Lavras, cursando Agronomia, buscávamos o contato com a natureza e as oportunidades de aprender com tudo e com todos à nossa volta. Em uma fase da vida em que tudo era novidade, conhecendo pessoas provenientes de tantos lugares, aproveitávamos cada minuto dessa experiência, gravada na memória tão claramente quanto os sons dos pássaros cantando em uma manhã de primavera.

Naquela praça, havia uma árvore muito linda, uma Tipuana, lançando os seus braços ao alto, rumo às estrelas, oferecendo-se às inúmeras espécies de insetos, plantas e animais, doando-se, sem restrição. Certamente, em agradecimento ao seu criador, por representar a vida de maneira singular, por ser tão bela. Desdobrava-se, ofertando sombra e tranquilidade, fazendo parte da história da cidade e das nossas vidas.

De repente, um dos colegas se desligou momentaneamente do grupo e atravessou a rua estreita para colher, em um jardim mais próximo, uma rosa especialmente bela. Era vermelha, entre as flores variadas que enfeitavam aquele canteiro colorido. Era perfeita como as rosas cultivadas nos jardins dos nossos sonhos. Sentada no chão, perto dali, havia uma senhora de semblante tristonho, traduzindo muita pobreza. As suas roupas eram sujas, e os seus pés estavam descalços. Trazia um lenço velho cobrindo a cabeça, escondendo o cabelo crespo, com alguns fios brancos. Dirigia o seu olhar para a praça, quase vazia.

Para a surpresa de todos, o nosso amigo, em um gesto de amor e profunda sensibilidade, entregou a rosa vermelha àquela senhora. Emocionados com a atitude dele, vislumbramos a serenidade com que a senhora aceitou a flor, tomando-a com um amor recíproco das mãos daquele estudante, dizendo:

– Fio, por que você fez isso?

Ele respondeu, meio espantado:

– Porque não tenho outra coisa para dar à senhora, além dela, representando o meu amor...

Mantendo a serenidade, sem demonstrar euforia ou espanto, a senhora respondeu com palavras de quem jamais sentou em um banco de escola, de quem jamais teve acesso aos livros que armazenam conhecimentos:

– Você podia ter me dado a frô de lá mesmo! Num precisava tirar ela de lá, fio. Lá, ela tava viva, agradando a todo mundo. Obrigado pelo seu carinho, só que agora que ela tá aqui comigo, infelizmente, meu fio, vai morrer em pouco tempo...

Essa é a consciência de que não é necessário possuir as coisas, refletindo a sabedoria do ser.

EXERCÍCIO EM BUSCA
DA CONSCIÊNCIA

Inicie o seu dia em paz consigo. Você fez o melhor que pôde até hoje. Considerando que agir corretamente é o que deseja, prepare-se para evitar reações sem pensar. Conscientize-se de seus limites, mas nem por isso deixe de tentar superá-los. Você tem o poder de transformar, de criar o seu futuro com base no autodescobrimento!

Confie em você e cresça na arte de pesquisar-se, de amar-se, de perdoar-se, para viver bem. Orgulhe-se da sua experiência. O melhor sempre estará por vir, só depende de você!

OPCIONAL
PRUDÊNCIA

Trata-se de um opcional fundamental, que pode ser responsável pela prevenção de qualquer acidente de percurso com o ser humano. Ao exercitar a prudência, a percepção da realidade aumenta. Imagine-se observando atentamente a estrada, sendo que, a cada segundo, ela se torna mais clara, compreendida na sua grandeza, na sua beleza, nos seus detalhes. A displicência ou a pressa podem fazer com que você a interprete pelo ângulo da precipitação, ao passo que, com prudência na atitude de observar, cada detalhe tem mais sentido e transmite melhor a realidade.

A imprudência, gerada pela ansiedade e inquietude, pode nos levar ao desastre iminente. O opcional prudência é de substancial importância nas ultrapassagens na estrada da vida, situações essas que podem oferecer riscos demasiados. Qualquer descuido pode ser fatal! Observar a estrada com prudência permite avançar com mais segurança, rumo ao destino programado.

A mensagem para os mestres da ousadia, quando mencionamos prudência, consiste em transmitir-lhes que ousadia não é sinônimo de irreverência; já para os exageradamente cuidadosos, trata-se de mostrar-lhes que medo, diante de todos os desafios, não é reflexo de prudência. Devemos ousar com prudência e arriscar sem – ou apesar do – medo.

Nunca houve tanto medo disseminado entre os homens como no momento atual em que vivemos. São infinitos os fatos que nos induzem a temer situações e pessoas. Somos estimulados pelos medos alheios, sensibilizados pelos noticiários mal-intencionados que vendem a imagem da desgraça e da dor. Sutilmente, ele nos imantam com a energia do desânimo, poluindo, se permitirmos, a fonte da água limpa das nossas crenças e realizações. No entanto, já aprendemos o mecanismo da autodefesa, inspirados no "orai e vigiai", assegurando a harmonia interior e a certeza da imunidade mental para todos aqueles que acreditam no poder da oração decorrente da sintonia com a divina providência.

O opcional prudência ao qual me refiro é o acessório que garante escolher o melhor caminho sempre, sem sofrer as influências perigosas e tentadoras de fontes diversas, desviando-nos da rota programada. Não raro, arrependemo-nos de uma atitude impensada, movida pela impulsividade predominante.

Depois, "choramos o leite derramado", como crianças que não se conformam com a situação com a qual se deparam. Buscamos, dentro de nós mesmos, as desculpas para as atitudes sem fundamento, enganando-nos quando alegamos não haver outras saídas, somente aquela. Motivados pela pressa característica dos que habitam as grandes cidades e que, por isso, não têm paciência para observar o problema com calma e decidir por melhores caminhos, seguimos relegando a prudência ao segundo plano.

AUTOSSABOTAGEM
CONFUNDIDA COM
PRUDÊNCIA CONDUZ
AO FRACASSO.

NA SELVA

A África apresenta surpresas, mesmo para aquele que conhece o seu solo, os seus animais, a sua selva densa. Uma natureza rica, abrigando milhares de espécies animais e vegetais, vivendo em simbiose perfeita. Rochas transformando-se, ao longo de milhares de anos, em solos adequados ao desenvolvimento de árvores frondosas, da relva e de outras plantas, verdadeiros símbolos de doação da natureza.

Após um dia muito cansativo, caminhavam o caçador, Gáveo, e seu guia, Zunga. Gáveo decidiu parar ao cair da noite, evitando terem de procurar um lugar para o repouso no escuro absoluto. Não foi difícil preparar o ambiente: eles limparam-nos e até que pudessem deitar.

O usual era dormirem com as armas ao alcance das mãos. Na falta de sono ou quando acordassem no meio da noite, um velava pelo outro, até que desejassem dormir novamente. Era frequente a ameaça de ataque de animais que sentiam o aroma da comida, o cheiro de homens, algum feromônio estranho ao seu. Gáveo reagia de forma coerente, preservando a vida dos animais sempre que possível.

Dormiram. Contavam com o fogo aceso como fator de espanto, mas era importante que não se deixassem levar pela imprudência de dormirem pesadamente.

Quando, pela manhã, o caçador acordou, percebeu as armas mais próximas de si, o fogo ainda aceso e a ausência do seu guia e guardião.

Preocupou-se com ele. Onde estaria? Já eram seis horas da manhã. Gáveo ouviu passos sobre as folhas caídas ao chão. Repentinamente, o guia despontou entre as árvores. Deparou com o seu chefe acordado e surpreso. Em uma primeira reação, movido pelo impulso, Gáveo o repreendeu por ter saído durante a noite, colocando-se em perigo ao caminhar pela selva sem armas. A primeira reação de Gáveo foi perguntar:

— Zunga, você saiu sem as armas?

— Sim, deixei-as ao seu lado para sua proteção, senhor.

— Você tem a coragem de atravessar esta selva, no escuro, sem armas, sem defesa? Você não tem medo?

— O medo não diminui o perigo... — finalizou o guia.

EXERCÍCIO PARA O
AUTOAPRIMORAMENTO

Escreva em uma folha de papel os pontos em que deseja melhorar. Estabeleça um prazo e trabalhe muito para superar-se, lembrando-se, em todas as situações, de agir diferentemente, de acordo com suas metas de mudança interior.

Seja coerente com os seus objetivos, seja verdadeiro! Diariamente, leia sobre o tema referente ao que quer melhorar em você. Esforce-se para mudar. Escute as eventuais críticas feitas ao seu comportamento e absorva-as. Esse é o caminho do autoaprimoramento.

OPCIONAIS

A cada novo dia,
um desafio maior.
Se há surpresas na estrada,
há sempre um rumo melhor.

Bifurcações, incertezas,
sem placas de indicação...
O itinerário mais certo
aponta o seu coração!

Que a vida não esteja à deriva,
é longa a viagem, a experiência.
Conhecimento é bússola valiosa,
não há tempo a perder, siga a consciência!

3. NORMAS DE SEGURANÇA

SEGURANÇA

Boa parte das pessoas sente-se segura ao conduzir um automóvel, principalmente quando o que nos move é a euforia, a sensação de liberdade que dirigir propicia! Podemos dizer que o que nos inspira também é a autonomia, por termos a máquina sob a nossa responsabilidade, definindo os caminhos, escolhendo roteiros, alterando planos, dando asas à imaginação.

Na maioria das vezes, quando somos advertidos sobre os perigos inerentes à condução de um carro, procuramos passar a certeza de que nada aconteceria, principalmente porque "sabemos o que fazemos". Somos mestres em segurança! No entanto, as estatísticas que envolvem acidentes de automóveis em todo o mundo impressionam. Ainda assim, acreditamos que não precisamos de orientações, pois nos sentimos seguros da capacidade de dirigir, tanto nas estradas, como nas cidades.

Em relação ao ser, não é diferente, e deve ser conduzido com total segurança. Quanto maior a segurança, mais agradável e proveitosa a viagem se torna. O que é a segurança senão a certeza de que chegaremos ao destino pretendido? A insegurança, todavia, alastra-se, nos quatro cantos do mundo, de maneira incontrolável. Nunca o ser se sentiu tão indefeso perante as ameaças da estrada, em seu dia a dia de desafios crescentes. A intranquilidade do homem atual, somada à sua incerteza do amanhã, fruto da turbulência nos campos econômico, social e político, deixa-o demasiadamente vulnerável, insuflando-lhe o germe da intranquilidade.

Para avaliar as condições do seu ser, reflita sobre a importância dos dispositivos de segurança disponíveis. Quais são? Onde encontrá-los? Estes, no caso, não podem ser comprados, entretanto, é plenamente possível serem desenvolvidos interiormente. Diante dos desafios da viagem, na estrada da eternidade, o seu ser exige muito controle na condução, valendo-se de dispositivos de segurança, fatores que diminuirão o risco de acidentes. Atente-se, portanto, para tais dispositivos, tidos como normas de segurança estabelecidas para a sua comodidade.

SETE NORMAS BÁSICAS DE SEGURANÇA

PRIMEIRA NORMA

Do autorrespeito: ainda que sem saber o quanto durará a sua atual viagem, proponha-se ao respeito a si mesmo, diariamente.

SEGUNDA NORMA

Do zelo: adote o hábito de zelar pela sua máquina humana. Qualquer displicência certamente a afetará, podendo destruí-la.

TERCEIRA NORMA

Do planejamento: assuma o planejamento da sua viagem, traçando a sua trajetória e seguindo-a, evitando viajar a esmo, à mercê da sorte apenas.

QUARTA NORMA

Da motivação: abasteça frequentemente o seu ser. O combustível indicado é o do sonho, que o impulsiona em busca das realizações.

QUINTA NORMA

Da vigilância: mantenha reduzida a velocidade em pistas perigosas. Qualquer deslize pode acarretar a saída da estrada, com possível queda em um precipício.

SEXTA NORMA

Da sinalização: preste atenção na sinalização da estrada. Não considerar a realidade pode arruinar a sua viagem.

SÉTIMA NORMA

Da confiança: consulte sempre a meteorologia. Independentemente de dias tristes e nublados, viaje com a lanterna da fé sempre acesa.

SOBREVIVÊNCIA

Havia várias celas. Todas cerradas. A comida era fornecida aos prisioneiros por uma abertura suficiente para a passagem de um prato fundo. Todos tinham as mãos algemadas às costas, pois eram tidos como detentos perigosos.

Ninguém pensava no quão difícil seria submeter-lhes a essa condição, visto que não era possível levar uma colher de sopa à boca. Não se sabia mais quanto tempo cada um ali estava, sobrevivendo, todos subjugados à condição de "animais humanos" maltratados.

Certo dia, o carcereiro resolveu verificar o que acontecia, já que não se ouviam vozes ou barulhos que confirmassem a presença dos prisioneiros. Ao abrir a primeira cela, ele se deparou com os prisioneiros mortos, e havia muita sujeira, sangue e sinal de sopa derramada por todo o cômodo.

Ao ser aberta a segunda cela, o quadro era, lamentavelmente, o mesmo. Todos mortos e os pratos espalhados, em uma cena horrível que retratava a impossibilidade de sobrevivência. E o mesmo aconteceu com a terceira, a quarta, a quinta e a sexta cela.

No momento em que o carcereiro abriu a sétima cela, sentiu que havia algo estranho com aquela. Ouvia alguns sons de talheres. Pensou, por alguns segundos: "Como poderiam estar vivos? Que surpresa o aguardava?". De repente, presenciou um preso alimentando outro.

Com as mãos algemadas, um levava com a colher a comida até a boca do seu companheiro; assim, cada um havia alimentado ao outro.

Foi o resultado da atitude de um prisioneiro idoso, que observou que só conseguiriam viver se tivessem a ajuda mútua, colaborando para a sobrevivência de seu semelhante. A expressão de altruísmo, sobrepujando-se ao egoísmo arrasador.

É a consciência da fraternidade entre os homens, mesmo entre aqueles sem a permissão para o convívio em sociedade, confirmando a possibilidade do crescimento interior pela união.

EXERCÍCIO PARA A
SEGURANÇA INTERIOR

Acomode-se, de forma confortável, com as plantas dos pés no chão, as mãos sobre os braços de uma cadeira ou sobre as pernas. Leia em voz alta, calmamente, cada uma das frases abaixo, refletindo antes de passar para a próxima.

1. Quanto ao autorrespeito: de hoje em diante, todas as minhas atitudes estarão em consonância com o respeito ao meu corpo e ao meu espírito.

2. Quanto à saúde: determino agora que todas as células do meu corpo físico se equilibrem e se restabeleçam plenamente. Tomarei, de hoje em diante, todas as providências para que a minha saúde seja plena e que os meus órgãos e sistemas funcionem perfeitamente.

3. Quanto aos objetivos: estabeleço que o planejamento seja a premissa para atingir as metas que elaborei. Diariamente, planejarei melhor minhas ações, a começar por hoje.

4. Quanto à autoconfiança: sei do potencial que trago para as grandes realizações que almejo. Sei dos meus talentos. Alimentarei apenas as crenças positivas a meu respeito.

5. Quanto aos perigos do subconsciente: vigiarei sempre os meus pensamentos, a fim de detectar e neutralizar a autossabotagem que alimentei no meu subconsciente.

6. Quanto ao estilo de vida: a partir de hoje, encaro a realidade seja qual for, mantendo viva a imensa alegria de viver.

7. Quanto à fé: reitero agora a confiança nas forças supremas que me dirigem os passos e proponho-me a viver com mais serenidade.

SEGURANÇA

Seguir, sem mais medos,
o olhar nas estrelas,
que guardam segredos,
cadentes e belas,
que bom poder tê-las,
na escuridão, confiar!

Vencer a distância
a ser percorrida,
tendo sonhos, na ânsia
de atingi-los na vida.
A fé fortalecida,
na certeza de saber aonde chegar!

4. ORIENTAÇÃO

SEU DESTINO

Em qualquer viagem, é fundamental um plano de rota e um destino. Um velejador experiente não enfrenta o mar sem estabelecer claramente aonde quer chegar. O viajante que não determina seu destino não pode avaliar o quanto desviou da sua rota original. Não são poucas as situações em que nos sentimos pressionados a decidir para onde vamos. Desde a infância, somos levados a escolher entre caminhos, sendo obrigatória a decisão por um deles. A bússola do discernimento destaca-se como um instrumento indispensável durante a viagem infinda do nosso ser.

Para quem tem um plano definido, qualquer dúvida quanto às opções de caminhos transforma-se em pretexto para nova reflexão e redefinição da rota e, com isso, a viagem transcorre sem maiores embaraços. Para aquele que tem o ser guiado apenas pelos instintos e impulsos, de repente, a estrada pode parecer-lhe sem alternativas.

Planejamento permite orientação. Se quem parte em viagem utiliza um mapa, o que não dizer da necessidade de um grande mapa para auxiliar na determinação das rotas da nossa maior viagem, a vida? O mapa adequado à viagem do nosso ser é aquele traçado com base nos valores humanos, revelando as direções e as rotas fundamentais – alegria, doação, perdão, amor – que nos levam às respectivas regiões, onde sentiremos uma profunda satisfação pela oportunidade de conhecê-las.

Contamos, simultaneamente, com a cooperação de um "navegador", um copiloto que nos orienta a todo instante, intuindo-nos quando devemos fazer alguma alteração de velocidade ou de direção, alertando-nos quanto ao planejamento estabelecido. Trata-se de um anjo amigo que ouve os nossos pensamentos e capta as nossas necessidades, entendendo as nossas aflições, transmitindo sempre a orientação que vem do alto, intuição soprada pelo arquiteto do universo, ecoando no nosso interior.

Diante da dificuldade de não saber para onde ir, busque a meditação. A resposta virá da sintonia com as esferas superiores que nos orientam na estrada. Lembramos, neste momento, a importância das metas bem estabelecidas, orientando o subconsciente no esforço de "fazer acontecer".

O nosso consciente apenas cria, deseja, projeta tudo aquilo que o subconsciente terá como referência para "materializar". Permitamos que os grandes sonhos nos orientem os passos, que a nossa imaginação crie o que há de melhor. Se, para pensar grande ou pequeno, despendemos a mesma energia, por que nos conformarmos com o pequeno sonho, com o cômodo, com o mais fácil? Evite a autossabotagem que nos leva à descrença quanto à própria capacidade de realização.

Obviamente, a resignação tem o seu importante papel na compreensão daquilo que, por enquanto, aos nossos olhos e na profundidade da nossa ignorância, não conseguimos mudar ou realizar. Cabe a nós, entretanto, refletir sobre quais são os mecanismos utilizados, quais são as ações, quais são as atitudes tomadas na intenção do sucesso. Podemos tirar a seguinte conclusão: se fizermos "corpo mole" ou se não acreditarmos na nossa capacidade, falharemos.

A regra é rever o plano, a rota, renovar as atitudes e prosseguir. Na história da humanidade, não há sinais de que pessimistas por natureza tenham conseguido desmotivar definitivamente grandes realizadores e grandes sonhadores, por serem estes imunes à contaminação pelo pessimismo.

EM TODAS AS SITUAÇÕES DE DÚVIDA, ADOTE, COM COERÊNCIA, O CAMINHO QUE A BÚSSOLA DO DISCERNIMENTO APONTAR, TENDO SEMPRE COMO REFERÊNCIA O NORTE DA INTEGRIDADE.

SÁBIA ORIENTAÇÃO

Morávamos no bairro do Brooklin, em São Paulo, na rua Conde de Porto Alegre, 276. Uma vida simples, um sobrado agradável com um velho abacateiro de porte alto bem na frente de casa. Meus pais eram funcionários públicos, apesar da veia artística.

Por parte de mãe – Guarnieri – a música; por parte de pai – Formiga – a poesia. Ele fazia da palavra e da sua memória prodigiosa o ganho extra em recitais de poesia, que nos permitiam, vez por outra, desfrutar de algo que a remuneração mensal dos dois jamais nos permitiria. Minha mãe utilizava muito bem o talento que herdou da sua mãe e de uma tia: cozinhar! Deu aulas de arte culinária durante um certo tempo.

Para quem, desde a mais tenra idade, entendia a arte como música e poesia, tendo a casa frequentada por instrumentistas e poetas, não poderia supor que fazer um vatapá inesquecível pudesse ser arte também. Afinal, criança gosta é de doce, enquanto comida é para gente grande. As limitações não eram poucas, como poucas não eram as lições de vida que ambos nos passavam em conversas oportunas, naquelas manhãs de domingo em família.

O passeio de carro com os pais era coisa do domingo, como a missa, a melhor roupa e o único par de sapatos. A programação para aquele domingo havia sido alterada, e algo nos dizia que seria incrível. Passaríamos o dia em companhia dos amigos do meu pai, na casa de um empresário que morava em um local com piscina – outra coisa da qual criança gosta e que o identificava como uma pessoa de posses, nos anos 60. Felizes e eufóricos, entramos no nosso fusca branco (1969), de faróis amarelos.

Logo que chegamos, vieram nos receber dentro da garagem. Aquele homem alto, educado, com um sorriso carismático e um tanto imponente, com naturalidade, apresentou os seus carros, um mais lindo que o outro. Entre as joias, um modelo novo recém-comprado, um Ford Landau. O amigo foi logo dizendo:

– Vamos dar uma volta nele mais tarde, para que sintam o conforto deste automóvel!

Só de chamar o carro de automóvel, senti que teríamos um dia inesquecível. Desde aquele instante, aguardei ansioso pelo passeio. O dia transcorreu repleto de coisas interessantes, até que chegou o momento. Tímidos, como reais "domingueiros" da época, entramos no automóvel e nos sentamos delicadamente, apreciando cada detalhe. O cheiro de novo, bancos de couro, os vidros verdes, o ronco silencioso do motor... Tudo era muito diferente.

Extasiados, o meu irmão e eu nem conversávamos, enquanto os adultos continuavam com os seus assuntos como se nada tivesse acontecido. Para eles, talvez fosse apenas mais um passeio de carro. Para nós, significava o primeiro passeio em um automóvel! Desfilamos por aquelas ruas tranquilas do bairro do Morumbi sentindo uma emoção com tom de prosperidade, em um estilo de vida que não era o nosso. Foi um passeio realmente inesquecível.

Hora da volta para o lar. Despedimo-nos dos amigos que nos acompanharam até a garagem. Minha reação naquela hora foi incontrolável.

Disse ao meu pai que não queria voltar para a nossa casa no nosso carro, que não mais queria entrar nele, desejava andar apenas de automóvel, de Landau. Meu pai insistiu para que entrasse e comecei a chorar, resistindo à sua ordem. De maneira educada, porém com a firmeza que tinha, na voz e nos braços, pegou-me e colocou-me no banco de trás do fusca. Despediu-se dos amigos, desculpando-se pelo meu papel, e saímos. Enquanto eu ainda choramingava com o rosto colado no vidro, sentia aquela tristeza inexplicável, afinal, por que não tínhamos um automóvel?

Meu pai manteve-se calado, um pouco triste com a minha reação. No momento certo – e não poderia haver melhor momento –, quando paramos atrás de um automóvel idêntico àquele, disse-me com a sua voz rouca e inconfundível:

– Meu filho, sempre que você olhar para a frente e desejar muito alguma coisa, lembre-se de olhar para atrás e verificar que a sua situação ainda é muito privilegiada, pois há outros olhando para você querendo muito estar no seu lugar...

Os olhos dele estavam fixos no retrovisor, enquanto estávamos parados no semáforo. Eu admirava o automóvel na frente do nosso e resolvi virar e olhar para trás. Havia uma carroça, carregada de papelão, puxada por um cavalo velho e cansado. O carroceiro olhava para o nosso fusca com um visível desejo no seu semblante.

Mergulhei no azul dos olhos do meu pai naquele instante, pelo retrovisor, e descobri que teria muito a aprender com aquela alma de poeta e sábio. Daquele dia em diante, agradeci ser orientado na minha vida por pais sensíveis que nunca censuraram meu sonhos e metas, mas ampliaram a minha visão do mundo e me fizeram valorizar as próprias conquistas.

EXERCÍCIO DE
ORIENTAÇÃO

Feche os olhos e pense nas boas virtudes que lhe foram ensinadas.

Reporte-se aos instantes que ficaram gravados na sua mente, destacando as riquezas dos ensinamentos, as orientações que teve, de quem ama ou de quem se dispôs a colaborar com o seu desenvolvimento.

Se foram escassas as oportunidades de ouvir sobre os melhores caminhos, tranquilize-se! Há sempre um momento para o início de um novo processo de aprendizado, ouvindo a voz interior.

Antes da saída, toda manhã, imagine-se em uma estrada muito linda, com árvores dos dois lados, com perfume de flores. Há muita tranquilidade no seu semblante! Há uma luz intensa à sua frente, que você já visualiza! Acredite que as suas dúvidas serão esclarecidas.

Deixe-se, diariamente, iluminar pela claridade do seu próprio coração!

ORIENTA

Coração,
orienta meu leme
no mar inconstante, revolto.
A que vento me entregar,
se devo ancorar,
em que porto,
quando partir...
Orienta!

Coração,
que rota seguir, orienta.
Ontem fui tão longe procurar
o que trago dentro de mim,
sonhos-pérolas que cultivei,
emoções que guardei
de onde vim...

Importa, coração, te ouvir agora,
no anseio de saber aonde chegar,
na escuridão da noite, no silêncio,
orienta, coração, meu navegar!

5. VISIBILIDADE

SEUS FARÓIS

Os especialistas em direção defensiva definem leitura da estrada como o ato de identificarmos os sinais, desde placas com as informações imprescindíveis até o que pode ocorrer nos próximos minutos ou segundos. O viajante que lê bem a estrada percebe as suas condições para que possa avaliar o risco de uma ultrapassagem, por exemplo. As estatísticas mostram altos índices de acidentes com vítimas fatais em todo o mundo, por não se respeitarem as leis de trânsito e as normas da direção defensiva.

Esta avaliação constante de riscos depende da visibilidade do condutor. Com o nosso ser, ocorre o mesmo. Naturalmente, neste instante, você deve estar pensando que a visão é um atributo muito especial da máquina humana. Certamente! A possibilidade de contemplar a estrada da vida, visualizando oportunidades, é algo considerável! A cada entardecer, a cada manhã, vem a sensação de uma gratidão imensa pela condição de ver, simplesmente. Não é possível enumerar as vezes em que sentimos a alegria por acompanhar, graças à visão, um acontecimento inesquecível.

Você se lembra de como foi importante ver aquele lindo pôr-do--sol? Ver o seu grande amor? Ver um riacho, conduzindo folhas, por entre as árvores? Ver uma criança sorrir? Se essas cenas não foram vividas por você, tenho a certeza de que outras, tão marcantes quanto essas, estão gravadas na sua memória. E àqueles que não dispõem da visão, como é para eles esse tipo de lembrança? Pela grandiosidade da força suprema que nos deu origem, aqueles que viajam sem a visão física momentânea têm a percepção acentuada e os seus outros sentidos potencializados. Guardam na memória os sons, os toques, as emoções distintas.

Mas a visibilidade não depende da visão física de nossa máquina humana, favorecida pelo complexo sistema de registros de imagens, que são os olhos. Ela consiste na capacidade de visualizarmos muito além do físico e do nosso atual momento. Daí o fato de aqueles que não dispõem de faróis perfeitos não terem sua viagem comprometida, ao longo da estrada da eternidade. Há, indubitavelmente, uma compensação por esta deficiência da máquina atual. A visibilidade é favorecida pela ação da luz do sentimento, um farol de milha constantemente aceso, combatendo a neblina materialista que impede a visão.

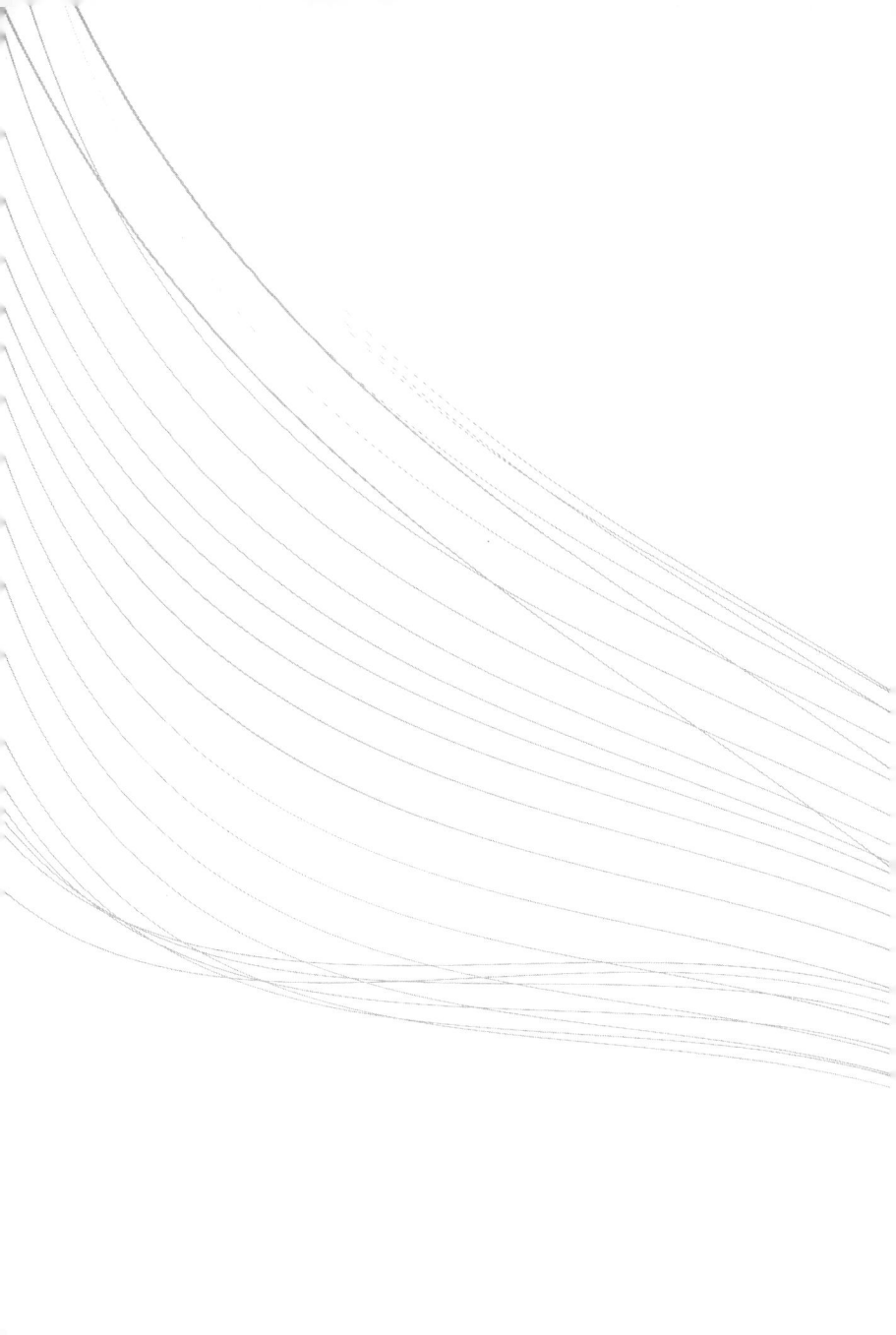

É PRECISO CRER PARA VER QUE A
FLOR SURGIRÁ. É PRECISO AMOR
PARA VER ALÉM DO QUE A LIMITADA
VISÃO HUMANA PERMITE VER.

SENSIBILIDADE

Cleômenes Campos era uma pessoa sensível, um poeta capaz de descrever os seus sentimentos com palavras simples e a profundidade dos grandes poetas. Os seus versos sempre traduziram o amor e a ternura, a verdade e a dor de não ser completamente compreendido, tal a pureza do seu coração. Vivia com Guiomar, a sua irmã, em uma pequena casa, com muitas plantas.

Aquela orquídea não floresceu uma vez sequer. Ocupava o espaço que poderia ser de outro vaso. Dentre as tantas plantas da mesma espécie que emitiram o seu botão de flor, permanecia aquela pequenina planta, sem manifestar qualquer intenção de florescer.

Certo dia, Guiomar comentou:

— Cleômenes, vou tirar esta planta daqui, pois ela jamais vai florescer, não tenho mais esperanças, não tem mais jeito.

— Mas Guiomar, ela nem é tão velha assim para que não lhe seja dada uma chance – respondeu Cleômenes.

— Não é questão de ser velha. Simplesmente, eu não acredito que ela venha a florescer – replicou Guiomar.

— Deixe-me conversar com ela. Procurarei fazê-la sentir que terá a chance de permanecer entre as suas irmãs. Dê-lhe uma chance – disse o homem.

– Está bem! Dou uma semana para que se manifeste, caso contrário, arranje um outro lugar para ela – finalizou a mulher.

– Muito obrigado, Guiomar. Eu tenho certeza de que ela vai colaborar conosco!

Cleômenes escreveu um bilhetinho, fixando-o no pé daquela orquídea, que dizia:

"Minha filha, Guiomar não tem sensibilidade para compreender os seus esforços. No entanto, sei que você pretende ficar conosco, entre as suas irmãs! Por favor, minha querida, esforce-se muito agora para que uma florzinha seja emitida, o que nos trará muita felicidade em continuarmos juntos! Nós só temos uma semana".

Quando completou o prazo determinado por Guiomar, havia a flor mais linda, expressando a gratidão e o amor, representados em cores e perfume. A flor estava nos planos daquela planta. Faltava-lhe o toque de amor para que surgisse, enfatizando que devemos aguardar, com paciência, as respostas dos seres às nossas solicitações silenciosas.

EXERCÍCIO DE
VISIBILIDADE

Limpe os seus faróis com água descontaminada diariamente, o que aumentará a sua visibilidade. Utilize lâmpadas de longo alcance, de amor puro. Adote o hábito de ponderar na análise do que vê. Ao se aproximar, poderá ver diferente! Use, com frequência o seu retrovisor, com o cuidado de não deixar que, ao olhar para frente novamente, a luminosidade alheia ofusque a sua visão do futuro.

Prepare-se para ver além do que os seus faróis conseguem iluminar.

VER ALÉM

Ver além,
da distância possível,
do que é previsível,
além do anoitecer...

Ver além,
os viajantes cansados,
ver de olhos fechados,
o que não dá pra ver...

Ver além das aparências,
ver no amor, transcendência,
a flor que vai nascer.

Ver no sonho a resposta,
ver na dor a proposta,
de um novo amanhecer!

6. CUIDADOS COM A APARÊNCIA

APARÊNCIA
E ESSÊNCIA

Vivemos em uma época em que o automóvel passou a ser símbolo de *status*, de poder. Não somente as diferentes marcas e modelos, bem como infinitas cores, aliadas aos detalhes externos, fazem parte da gama de alternativas que podem expressar a nossa preferência. E, por convivermos com o automóvel tão intensamente, há estudiosos dedicando-se às interpretações de pesquisas que mostram que cuidamos dos nossos carros da mesma maneira que cuidamos de nós.

Ou seja, a forma como apresentamos nosso automóvel reflete o nosso interior, as nossas tendências, as nossas preferências. Se incorporarmos tal conceito, é evidente que a máquina que transporta o nosso ser merece o melhor tratamento possível. Complexa, projetada e construída pela suprema inteligência, é capaz de movimentar-se de maneira ímpar. Por intermédio da máquina humana, manifestamos a inteligência em ações que marcam a nossa existência, configurando-se na contribuição que damos para o mundo. Distingue-se de todas as máquinas pelo homem construídas: o corpo.

Harmônico, lindo, inimitável, perfeito. O corpo é o veículo de transporte do ser, em cada existência, em cada viagem. Utilizando veículos distintos, cada um adequado à tarefa prescrita por nós mesmos, o nosso ser viaja ao longo da estrada da eternidade, seguindo uma rota ainda complexa e polêmica para alguns, que é a evolução.

A aparência da máquina humana traduz-se pelo visual. Cuidar dela, como já comentamos, é fundamental, em qualquer época ou estação em que nos encontramos, de passagem, no planeta Terra. Entretanto, importa que a nossa essência se aproxime, ao longo das incontáveis viagens que realizamos, da perfeição que nos originou, traduzindo o amor em todos os atos.

Pesquisas de novas substâncias na área da cosmetologia não cessam. Tecnologias são desenvolvidas e profundamente estudadas visando estender por mais tempo a nossa aparência jovem. Há pouco mais de 15 anos, foi divulgada a descoberta da cadeia de genes que regem as características humanas, propiciando ao homem novos horizontes no controle de doenças, bem como no que tange a retardar ainda mais o envelhecimento, pelo conhecimento deles. É a engenharia genética, transpondo grandes barreiras, também em prol da aparência e do bem-estar. Cresce o mercado de produtos e métodos que se destinam a embelezar externamente o ser humano.

Cabe elucidar que tal efeito pode ser potencializado, se os cuidados com o interior crescerem na mesma proporção. A alegria estampada no rosto rejuvenesce! A tranquilidade interior reflete a serenidade, que atenua a tensão nos músculos da face, aliviando as linhas de expressão. O sorriso causa esse mesmo efeito, como exercício muscular, aumentando o tônus, suavizando as rugas, transmitindo, na sua espontaneidade, a sensação de paz interior, transformando o rosto triste em um rosto feliz de se ver, independentemente até dos sinais deixados pelo tempo.

A aparência não é, todavia, fruto apenas dos cuidados externos com a máquina humana. A alimentação que adotamos é fundamental, refletindo o nosso estado psíquico, o nosso comportamento, e deixando marcas positivas ou não na nossa existência, permitindo-nos viajar de maneira extremamente agradável e leve ou causando-nos transtornos à saúde, interrompendo a nossa viagem, de repente. A forma como nos alimentamos reflete o equilíbrio corpo-mente. Existem alguns atributos da aparência que devemos considerar se almejamos o sucesso de nossa viagem.

SORRISO

O brilho de um sorriso franco é luz que se esparge, clareando caminhos, neutralizando dores.

NATURALIDADE

A naturalidade é a marca registrada dos que viajam certos de fazerem sempre o seu melhor.

CARISMA

O carisma é a centelha que favorece a contagiante combustão que move as relações humanas.

TRANSPARÊNCIA

A transparência é o que permite que a aparência externa reflita, integralmente, a essência do ser.

INTEGRIDADE

A integridade faz parte dos atributos mais apreciados no seu ser e gera consideração.

LIMPEZA EXTERNA

A limpeza constante da máquina humana reflete o amor para com o ser que dela se utiliza para a viagem fantástica da vida.

LIMPEZA INTERNA

Frequentemente, observe se há "sujeiras" acumuladas no ser. Eliminar focos de contaminação e de sentimentos indesejáveis é essencial.

A SEMELHANÇA

Inglaterra, 1980.

Dois jovens amigos, João Carlos e Maurício, viajavam pelo país conhecendo lugares novos, registrando acontecimentos interessantes, explorando a cultura e a história de cada localidade. Em um final de tarde, de repente, o carro que utilizavam quebrou. Do alto da colina, podiam avistar uma pequena cidade com ruas estreitas e de pedra.

Era Rye, uma típica cidade inglesa que abrigava uma população restrita, sugerindo aroma de morangos colhidos ao frescor da brisa leve. Tradicionalmente, alguns casais tomavam o seu "chá das cinco" com leite, no momento em que Maurício sugeriu ao amigo que fosse até lá procurar um mecânico.

No instante em que João Carlos descia uma ladeira, sentiu algo estranho. Teve a nítida impressão de conhecer o local, em detalhes. Tudo lhe parecia muito familiar. Caminhava com passos mais lentos, imaginando que aquele sentimento fosse ter um fim, afinal, não havia explicação para a ansiedade que lhe causava taquicardia. A cada esquina, confirmava, ironicamente, a imagem que lhe brotara na mente instantes antes. Ao contrário do que esperava, aquele sentimento não findava, só crescia.

João Carlos era determinado e objetivo. Nem um pouco adepto às literaturas esotéricas, o rapaz não se apegava aos assuntos relacionados, preferindo temas técnicos e científicos. Chegando ao centro da cidade, perguntara a um mecânico se havia alguma possibilidade de atendê-los, visto que, embora sem pressa, precisavam seguir viagem. Achou estranha a reação daquele senhor, que já aparentava mais de cinquenta anos de idade.

O mecânico olhou para João Carlos e disse que não poderia ajudá-los, desconversando e seguindo apressado para os fundos da oficina. O rapaz encontrou outro mecânico perto dali, que agiu de forma semelhante ao primeiro. E o mesmo aconteceu com outras pessoas a quem pediu informações.

Sem sucesso, resolveu voltar e pedir ao amigo, Maurício, para que fossem juntos à outra parte da cidade e analisassem quais eram as alternativas, já que não entendeu a reação daquelas pessoas. Maurício aceitou a sugestão sem resistência. Surpreso ao constatar que as pessoas reagiam de forma idêntica à citada pelo companheiro de viagem, Maurício experimentou perguntar a um dos senhores, que lhe parecia menos perplexo, o porquê daquelas atitudes repetitivas.

Ao olhar para João Carlos, aquele senhor se emocionou, como que recordando um tempo distante e significativo na sua vida. Compenetrado, sério, já impressionado, contou-lhes que, há muitos anos, durante a Segunda Grande Guerra, um jovem muito parecido com João Carlos, líder nato e admirado por todos os seus contemporâneos, encabeçou um movimento de defesa, lutando pela paz da cidade e do seu país.

Era um homem que contemplava o perfil dos que lutam por ideais nobres e, inteligentemente, moveu a cidade inteira em defesa uns dos outros. Entretanto, o jovem morreu em um dos conflitos estabelecidos com os invasores da sua cidade, deixando sua marca para sempre.

Ao indagarem como se chamava o rapaz, olharam-se mais perplexos ainda, após aquele senhor responder: J. C. Brazil. Em homenagem ao movimento e ao seu líder, construíram um monumento, em frente à igreja principal, contendo os nomes dos que o seguiram e morreram lutando pela comunidade de Rye, Inglaterra.

João Carlos, que nasceu no Brasil, confirmou com os próprios olhos, naquele dia, os nomes esculpidos no monumento, dentre eles, J. C. Brazil. A viagem cósmica na estrada da eternidade contempla passagens e paisagens marcantes, vivências extraordinárias, gravadas na memória para sempre e que são lembradas involuntariamente, sem que se saiba a razão e o momento em que vêm, sugerindo saudade. Na verdade, não viajamos a esmo, e as coincidências não existem. Haverá sempre uma razão para que os encontros aconteçam ou se repitam, para que os momentos e as oportunidades se dupliquem, para que vejamos novamente o sol nascer em um mesmo lugar.

EXERCÍCIO DE REFLEXÃO SOBRE APARÊNCIA E ESSÊNCIA

Olhe-se no espelho mais próximo.

Olhe-se de cima a baixo, criteriosamente.

Que sentimento traduz a aparência neste instante?

O que imagina que aparenta? O que pensa que transmite?

Qual a primeira impressão que causaria em alguém agora?

Corresponde a sua aparência às propostas no campo profissional ou pessoal?

O que os seus olhos refletem?

O que os seus músculos transmitem?

O que diz o seu semblante?

Reflita sobre estes e outros pontos. Se houver sinais de que você aparenta estar distante do que gostaria, pare e pense em como mudar. Somente conseguirá resultados melhores se agir de forma diferente.

Apesar da aparência, somos o que acreditamos ser.

APARÊNCIA

O que o corpo aparenta,
o que o ser irradia.
O que a postura sugere,
o que a mente cria.
O que o gesto demonstra,
o que a voz principia.
O que a crença reflete,
o que conta a poesia,
o que a bagagem traz,
o que mostra a alegria,
o que o ser valoriza,
o que vilipendia.
O que o corpo aparenta,
o que o ser irradia.

7. EM CASO DE EMERGÊNCIA

BATERIA DESCARREGADA

Existem dias em que estamos com tudo pronto para sair e, ao darmos a partida no motor, deparamo-nos com a bateria descarregada. Frustrante? Muito! Se todos os componentes estão em ordem, mas a bateria está descarregada, não há como prosseguir, a menos que se consiga fazer o carro "pegar no tranco".

Sentimo-nos, em muitos momentos da vida, da mesma maneira. A bateria completamente descarregada, sem a motivação para prosseguir, enfrentando os percalços da estrada. É como se fôssemos obrigados a "pegar no tranco", sem saber o quanto de força precisaríamos fazer para funcionar normalmente. Esperar a carga voltar espontaneamente jamais será a solução.

Certa vez, em um treinamento, o palestrante afirmou que o que nos diferencia, uns dos outros, é a nossa atitude. Foi dito que o sol nasce, no mundo inteiro, após a noite densa; e que o dia tem as mesmas vinte e quatro horas em qualquer lugar; e que as oportunidades se apresentam para todos.

Logo, o que nos diferencia é a atitude perante as situações do dia a dia! Se nos propusermos a acreditar no que queremos realizar, teremos êxito. Basta que tenhamos atitudes realizadoras para que a vida siga as diretrizes desejadas. Somos os construtores dos nossos destinos.

Escolhemos a nossa própria rota. Determinamos o objetivo a ser alcançado, nesta viagem atual, como na longa viagem, na estrada da eternidade. E como recarregar a própria bateria? Qual a solução química indicada para a manutenção da sua carga?

Motivar-se exige, em primeiro lugar, o entendimento de que ninguém é capaz de fazê-lo constantemente, permitindo, assim, ser alvo fácil de um desânimo destruidor, de uma substância corrosiva, injetada no nosso sistema circulatório pela ação dos singulares agentes do pessimismo.

Uma atitude importante é a de fazer um balanço ao fim de cada dia, avaliando as realizações, distinguindo ações positivas das negativas e procurando fixar as metas para a jornada seguinte, extraindo das experiências o aprendizado. Se não parece fácil manter a bateria sempre carregada, há que se evitar perdas de energia pela atuação de um fator dissipador: a descrença.

Estudiosos das áreas de humanas há muito pesquisam o tema motivação. Responsáveis pelas grandes contribuições deste século, no que se refere ao aprofundamento dos conhecimentos sobre o comportamento humano, na ânsia de obterem os melhores resultados dos colaboradores das empresas, perceberam que o ser humano se desmotiva com uma certa facilidade. Qualquer dor, de origem física ou emocional, é fator para que o homem tenha a sua bateria descarregada. Pietro Ubaldi afirma, em seu magnífico livro *A grande síntese*, no capítulo *A função da dor*, que falta ao homem moderno aprender a arte de saber sofrer. A compreensão das dores pelas quais passa e a sua aceitação são os primeiros passos para a anulação da própria dor, que só se extingue por meio da sua absorção pelo homem. Assevera, ainda, que problemas são resolvidos somente com lealdade e coragem.

Há pessoas que necessitam sempre de estímulos externos para serem motivadas, enquanto outras encontram dentro de si o motivo para uma nova ação que as tirem da inércia improdutiva e as tornem as realizadoras que desejam ser. Evite depender apenas de estímulos externos para que a carga da sua bateria seja mantida. Acredite na sua capacidade, realize aquilo que deseja, parabenize-se pelas conquistas e agradeça à força do universo, que favorece que tudo à sua volta se transforme para melhor.

IMPORTA DEFINIR, CLARAMENTE, OS
OBJETIVOS DA VIAGEM E MANTER A
BATERIA CARREGADA COM A SOLUÇÃO
QUÍMICA DA CRENÇA NA FORÇA
SUPREMA DO UNIVERSO E EM SI MESMO.

PROBLEMAS NA PARTE ELÉTRICA

Quem ainda não sofreu um tipo de pane na parte elétrica? A nossa máquina humana é composta por tecidos, órgãos e sistemas, sendo um deles um dos mais complicados, se não o mais complicado, o sistema, chamado nervoso. Uma malha de nervos percorre a nossa máquina, transmitindo os impulsos emitidos pelo cérebro. Interessante pensarmos na agilidade desta transmissão. O cérebro pensa e as mãos obedecem, imediatamente! Mas entre a ordem e a ação há muito o que se estudar. Os neurologistas seguem pesquisando os animais, cobaias que podem dar as diretrizes aos estudos, a cada reação nervosa avaliada em laboratório.

Quem gosta de sentir dor? As dores de cabeça, provocadas por tantos fatores, refletem o incômodo transmitido pelo sistema nervoso. Como conviver com tantas possibilidades de pane? Como evitá-las?

Uma palavra muito utilizada traduz o que acreditamos ser uma das causas para muitos desses desequilíbrios: estresse. O que diriam os especialistas? Trata-se de um esgotamento nervoso? Não é nosso objetivo entrar em detalhes nesse tema, mesmo porque não nos sentimos capacitados para tal.

Se há na nossa máquina humana, aproximadamente, 90.000 km, somando-se veias e artérias, conduzindo o sangue responsável pelo transporte do oxigênio, imagine a quantidade de nervos, transmitindo os impulsos que abrangem desde os músculos mais ínfimos às mãos, que se tocam no intuito do cumprimento e do abraço, até as pernas, responsáveis pela nossa locomoção. Imagine, agora, a preciosidade dos neurônios, responsáveis pela emissão das ordens de movimento para toda esta máquina inimitável, que está em adaptação e aperfeiçoamento constantes pela ação das mutações!

Queremos alertar para os cuidados em prol da nossa paz interior, a fim de que o equilíbrio geral seja mantido, no intuito de reduzirmos as possibilidades de uma pane. Vamos refletir um pouco sobre o que nos leva a reagir de forma a desencadear os problemas da parte elétrica.

Não nos propomos a estudar como funcionam, química ou eletricamente, as células responsáveis pela origem das emoções, nem sequer explicar reações complexas responsáveis pelos desequilíbrios nervosos. Queremos, simplesmente, refletir sobre a nossa atuação mental, o que podemos fazer para reduzir as panes, mesmo sem conhecer profundamente as suas origens; como procedermos para ter a nossa parte elétrica funcionando bem, durante a pequena viagem que realizamos agora.

O autocontrole é uma ferramenta que, sem sombra de dúvida, nos auxilia no processo de cuidar da parte elétrica do nosso ser. É claro, ter o autocontrole desenvolvido a ponto de "levar uma fechada" no trânsito, por exemplo, e não sentir absolutamente nada é atributo de pessoas bem equilibradas.

Mas para que seguir o impulso de revidar a ação ou querer perseguir quem nos incomodou? Só para nos colocarmos na condição de superiores? Superiores a quem, ao quê?

Prosseguem os profissionais de todas as áreas da psicologia pesquisando e descobrindo as razões das nossas reações e instintos.

Qualquer afirmativa dos pesquisadores da área das ciências humanas deve estar fundamentada em incontáveis experiências, até que se confirmem as hipóteses, acerca de uma característica, uma tendência de ação do ser humano. Propõem terapias e outras técnicas, para resolver os problemas que acabam por interferir na nossa "parte elétrica". Cabe-nos, entretanto, fazer a nossa parte: o exercício do autoconhecimento. Importa que o homem do século XXI encontre tempo para dedicar-se a esta prática, estabelecendo o equilíbrio interior.

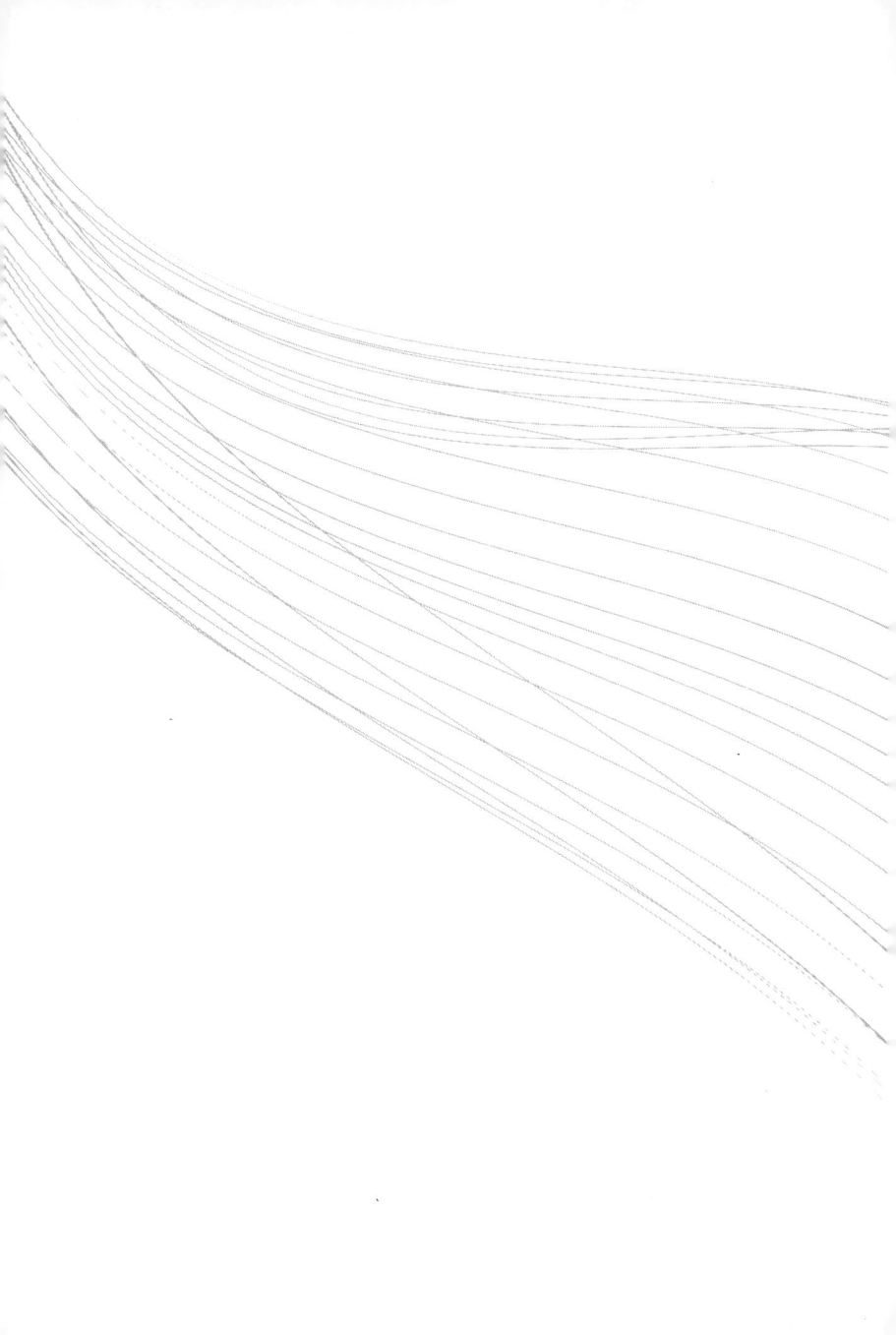

O AUTOCONTROLE
DO SER PREVINE
PANES TÃO
PERIGOSAS NA
PARTE ELÉTRICA
QUE PODERIAM
DESESTABILIZAR TODA
A MÁQUINA HUMANA.

NOVO ÂNIMO

Dr. Cícero Viana, renomado cirurgião bucomaxilar e artista plástico nato, dedicou, durante muitos anos da sua vida, um dia da semana ao Hospital do Câncer, reconstruindo faces por meio dos seus conhecimentos não só de cirurgião, mas de artista que pesquisava materiais próprios para a solução de problemas graves. Nesses pacientes, a face reconstituída era o diferencial entre viver em sociedade e isolar-se do mundo completamente.

Certa vez, Dr. Cícero contou sobre uma senhora de semblante triste que chegou na sua sala no hospital, segurando um pano que cobria algum defeito que teria na face. Mantendo-se tímida, sem coragem de tirar o pano que cobria o rosto, disse temerosa e com muita vergonha, com uma voz trêmula e sem brilho, que desejava ter dele a solução para o seu problema. Percebendo que poderia ser grave, Dr. Cícero buscou ser neutro, como exige a profissão, para ajudá-la a descobrir o rosto e que pudesse avaliar a origem daquela tristeza intensa.

Enquanto a dúvida pairava no ar e a mão daquela senhora resistia em permitir que o doutor visualizasse a extensão da sua dor, a sua intuição apontava que aquele caso poderia ser muito diferente do que até então já havia visto na sua vida de dedicação aos que sofrem com os defeitos no maxilar.

A intuição confirmou-se, ao ver que ela não tinha a metade do rosto e que o pano lhe servia como proteção total, evitando impressionar ou assustar os que pudessem vê-la integralmente. Todo o lado direito do seu maxilar havia sido "corroído" pelo câncer que, vagarosamente, tomou conta e se alastrou, marcando não somente o rosto, mas a alma daquela simples senhora.

Dr. Cícero conteve-se para não transmitir a própria insegurança que tomou conta do seu coração ao confirmar o grande desafio que Deus lhe enviou. Devolver àquela doce e triste senhora a alegria de poder conviver naturalmente com as pessoas passou a ser, para ele, o seu maior desafio. Silenciosamente, trabalhava às sextas-feiras naquele rosto que lhe inspirou tanto amor. Disse Gandhi: "... demonstrar amor não é para os covardes, isto é um privilégio dos corajosos". Esse foi o sentimento que o moveu decididamente a diminuir a dor que há tanto tempo machucava o coração daquela avó de netos que não podiam ver o seu rosto, que nunca o haviam visto descoberto.

Decorreu quase um ano até que ele tivesse nas suas mãos a peça pronta para testá-la, na tão esperada sexta-feira. A sua ansiedade era tão grande quanto a certeza de haver feito o melhor que pôde. Pesquisou os mais adequados materiais, chegando à conclusão daquele que poderia, aceitando uma cobertura idêntica à pele, refletir com naturalidade as expressões do rosto, o aspecto de uma face normal.

Como era de costume, a senhora chegou, cumprimentou-o e sentou-se na sua cadeira de paciente, aguardando com amor e carinho ímpares. Delicadamente, o médico trouxe a peça final, colocando-a e ajustando-a de maneira que ela saísse dali sem a necessidade de cobrir seu rosto. Era a peça definitiva, cabia-lhe avaliar se ficou realmente bom como esperava.

A resposta para o seu admirado médico veio em uma lágrima que lhe brotou dos olhos, escorrendo pela face enquanto se olhava no espelho que ele ofereceu. Ali estava a solução de um problema antigo que a incomodava, que lhe tirou a alegria de viver por tantos anos. Esta alegria retornou imediatamente, invadindo o coração do Dr. Cícero ao receber, segundo ele, o mais expressivo reconhecimento da sua vida, quando ela lhe disse: "Eu vou rezar a minha vida toda pelo senhor".

EXERCÍCIO PARA OS
MOMENTOS DE EMERGÊNCIA

Pare o que está fazendo e relaxe!

Prepare-se para, neste instante, encontrar a criança que existe em você.

Liberte-se de tudo à sua volta para dedicar-se a uma brincadeira, um jogo, algo que o divirta.

Sugestões de diversões e atividades individuais: malabarismo, pião, cinco Marias, bolas de gude, massa para modelar, montagem de aviões ou carros de plástico à base de colagem, montagem de aviões de aeromodelismo (madeira balsa), quebra-cabeça, origami etc. Ou, ainda, praticar um esporte, tocar um instrumento, pular corda, dançar, desenhar, brincar com uma criança.

Pois muito bem. Agora é o momento de praticar uma dessas atividades! Permanecendo no estado de ego criança, durante o tempo que lhe convier, você será capaz de criar, inovar e encontrar diferentes caminhos. Brinque livremente, divirta-se de verdade, descontraia-se, ria de si mesmo.

Retorne para as suas atividades corriqueiras após sentir a satisfação de viver momentos de alegria intensa. Reaja diante dos sinais de emergência com criatividade.

AUTOCONTROLE

Se hoje há dissabores,
amanhã o sol vai brilhar.
Navega de olho na proa,
braços firmes, vai,
corta o mar!
Ansiedade faz parte,
ao ontem, nada hoje é igual,
o marujo confiante,
segue adiante,
vence o temporal!
Controla o leme, controla,
jamais te falte coragem,
não te intimide a marola,
há de ser longa a viagem!
Enfrenta até as vagas,
segue sem te amedrontares,
que te esperam novas águas,
novas plagas, novos ares!

8. GARANTIA

SUA GARANTIA

Todo equipamento tem uma garantia fornecida pelo fabricante. Trata-se da certeza de que, utilizando corretamente o equipamento adquirido, qualquer problema é da responsabilidade de quem o fabricou. É também um compromisso assumido pelo cliente de respeitar as recomendações, caso contrário, perde o direito à garantia. Esse combinado também vale para a máquina humana. Ou você pensa que, ao assumirmos o controle, nos isentamos da responsabilidade de cuidar do "veículo espacial" que nos permite tantas viagens?

Imaginando uma volta à origem da vida, quando fomos criados à imagem e semelhança de Deus, idênticos não nas formas, mas na essência, iniciamos o processo de aprendizado e desenvolvimento. Cada um seguiu o seu caminho e escolheu, livremente, a sua estrada. Aprendemos, exercitamos, provamos e, a cada oportunidade, aprendemos novamente.

Você deve estar pensando que fugimos ao assunto da garantia da nossa máquina humana, presumo. Claro que não! Por crer que evoluímos de viagem em viagem, depositamos no arquiteto do universo a confiança de que tudo foi harmoniosamente elaborado. Renomados físicos já recorreram à existência de Deus, em quem antes não acreditavam, para explicar tamanha harmonia.

A nossa garantia? Mas qual seria ela? O quanto dura? Em que está fundamentada? Há respostas para todas as questões, tranquilize-se!

Pense, primeiramente, no compromisso assumido por nós como proprietários deste ser. Certamente, considerando as nossas limitações, que não são poucas, é mais provável que não cumpramos a nossa parte no trato com o arquiteto do universo. Que trato? Pois bem, vamos recordar o contrato "assinado", na "entrega" do nosso ser. Assumimos respeitar as recomendações quanto aos cuidados para com o veículo. Obviamente que não se trata apenas dos cuidados essenciais para esta viagem, somente. É muito mais amplo!

Assumimos cuidar do nosso interior. Assumimos, sim, um compromisso com a evolução, que depende da nossa predisposição à observação das leis naturais da vida, aliás, das vidas. Como não se desafia a lei da gravidade – no âmbito da atmosfera terrestre – não se deve desafiar as leis da evolução, baseadas nas premissas dos grandes valores humanos, como a caridade e o amor. Se o fizermos, estacionaremos na estrada da eternidade, parados em um acostamento, aguardando um socorro. A garantia fornecida é a de podermos processar todas as alterações no nosso ser, atualizando-o, adaptando-o, melhorando-o e inovando-o sempre.

Devemos lembrar que o nosso veículo atual – a máquina humana – foi perfeitamente planejado para as experiências necessárias desta viagem. Ele possui as características imprescindíveis ao nosso desenvolvimento, sendo feito "sob medida", ou seja, desenhado aerodinâmica e estrategicamente para que a pessoa atinja as metas traçadas para a atual viagem. A nossa máquina humana tem a cor, o tamanho e o modelo precisos, próprios, específicos, intransferíveis e inigualáveis! As características da sua máquina humana ajustam-se perfeita e harmonicamente à proposta da sua viagem, da sua evolução. Você está com o modelito certo! Seja feliz, pois o fabricante maior não erra nos seus projetos!

O nosso veículo circunstancial, a máquina humana, no entanto, não é eterno. Já o ser originado da matéria-prima do amor vence os séculos, superando as ações de agentes corrosivos. Se prejudicados, por sua própria displicência, tanto a máquina humana como o ser, ainda assim há chance de recuperarem-se, por meio de um procedimento chamado PRI (Propósito de Recuperação Interior). Desse modo, a garantia é permanente!

HOMENAGEM

Ao ser convidado para celebrar tal homenagem, jamais declinaria, apesar da certeza que tinha de me emocionar demasiadamente durante a condução. Emoção faz parte e, por ela – Olga –, não havia como evitar. Explicar quem é Olga torna-se difícil em um texto de poucas páginas. Todavia, posso defini-la como a expressão da alegria e da irreverência. Alguém que marcou as nossas vidas e, portanto, faz falta. A homenagem cabia perfeitamente, já que fazia um ano desde a sua volta para a espiritualidade. Olga era fã de Luiz Vieira e algumas vezes fomos aos seus shows em São Paulo.

Poeta, músico, compositor e repentista, o homem que eternizou um "Prelúdio pra ninar gente grande". Cantou o amor em canções que marcaram para sempre e as lançou ao vento, permitindo que fossem cantados os seus sentimentos em mais de 50 idiomas, a exemplo de "Paz do meu amor". Chamo-o de tio, não pelo sangue, mas por direito. Poucas vezes, vi um amor entre dois amigos-irmãos ir tão longe, sem arestas, como o de Vieira por Eurícledes Formiga, e vice-versa. Foi nesse ambiente de amizade, amor e poesia que aprendi sobre os valores humanos vencendo o tempo, garantindo as emoções felizes.

Quando iniciei a elaboração da homenagem, me ocorreu telefonar para Luiz Vieira e pedir que fizesse uns versos, a fim de acrescentá-los. A resposta dele ao meu pedido foi imediata. Faria a sua parte em alguns minutos e, como estava no estúdio, gravaria com a sua própria voz os versos que brotassem do improviso. Mais do que dedicar algumas palavras, fez um poema exclusivo e o declamou de maneira comovente para a nossa amiga.

No momento escolhido para o poema, a sua voz tomou conta do ambiente, na garantia de que Olga nossa escutava.

"Gente, eu nunca acreditei na morte.
Acho só que é um leve corte no *script* da existência.
Um intervalo temporário
pra retocar o cenário, dando melhor aparência
a cada ator ou atriz.
Se a plateia pedir bis,
corta o texto e a matéria,
com os seus direitos plenos,
deixa só um leve aceno
e vai descansar tirando férias.

Morte? É a vida em descanso.
Posso dizer e afianço,
morte é a vida latente.
E tenho às vezes, cá comigo,
que a vida é mesmo um castigo,
um paraíso aparente,
que Deus, inteligentemente,

nos dá como um atraente brinquedo,
e aí nos diz: "Você é livre com ela.
Sinta-a e veja o quanto é bela!
E que você seja feliz!"

Um dia Ele sente falta,
é o dono da ribalta,
vem nos pegar novamente,
abaixa o pano, abafa a luz,
diz ao Seu filho: "Jesus,
traga-a de volta aqui pra gente!"

Eu não acredito na morte,
a morte é a vida latente.
Morte é férias, um presente,
pro recolhimento d'alma,
é quando a vida se acalma.
Não é azaração, é sorte.
Morte pra mim é um regresso da verdade,
num processo que é o da imortalidade.

Nossa Olga, eu garanto, está presente,
bailarina fenomenal, resplandecente!
Quem sabe num "pas de cheval", nos encantando,

é só prestar bem a atenção nos olhos de sua herança,
nas pupilas radiantes dessas três crianças,
olha a Denise, o Herbert e o Nando,
e até o Edu, num laço bom, perfeito!

A Olga tirou férias, tem direito!
Não há por que chorar ou lastimar,
rezemos pra ela, ah! isto sim! E aplausos!!!
Porque a morte nunca foi o fim, mas o recomeço,
nossa volta ao lar.
Para você, minha doce e querida amiga,
que amava, das minhas canções, uma especial cantiga,
estou aqui para cantá-la sem chorar,
e me deixando caminhar nos sonhos meus,
todo o carinho para os sonhos teus,
e sentirmos juntos o mundo bocejar!" [1]

E cantou "menino passarinho".
Quando o amor é a bússola,
a garantia do ser é perene,
independente do ponto em que se encontre na trajetória.

---

[1] Poema declamado pelo próprio autor, Luiz Vieira, em
https://www.youtube.com/watch?v=RpKI6JvSzME

EXERCÍCIO DE REFLEXÃO
SOBRE A GARANTIA

Faça uma breve retrospectiva do seu comportamento e reflita sobre as seguintes indagações.

1. As suas ações de hoje garantem o estado emocional de amanhã?

2. A alegria verdadeira deve ser valorizada e mantida, pois garante a sua saúde física?

3. A serenidade que assegurar a si mesmo, em seu dia a dia, é o que garantirá a paz de que tanto fala e precisa?

4. Ansiedade e imediatismo geram estresse, além de aumentar os riscos de perda do que foi conquistado para o seu bem-estar?

5. Egoísmo só garante isolamento?

6. As suas virtudes garantem a referência que guardam de você?

7. O que o seu comportamento tem garantido?

GARANTIA

Voar é permitido,
saber que não há limites
alegra o meu coração!
Sonhar me foi garantido,
descobrindo as alturas,
sem ter os pés no chão!

Vida, viagem veloz!
valores, vivência vigente.
Vida, vinheta, vidala...
Virada, viola vertente!

Sonhar me foi garantido,
vida, viagem veloz!

9. PLANO DE MANUTENÇÃO

A MANUTENÇÃO
NECESSÁRIA

Não há manual de instruções de qualquer equipamento que exclua esse item. A manutenção do nosso ser é obrigatória. Refletir sobre a responsabilidade de manter em bom estado todas as peças que compõem a máquina humana – e a sua essência, o ser – consiste em tarefa frequente e intransferível. Para muitos, um grande incômodo. A lei do "devagar e sempre" só terá fundamento se a máquina estiver em movimento. Caso haja parada repentina, causada por negligência, não há "mecânico" que a traga ao funcionamento normal novamente. Não há médico milagroso que devolva a alegria de viver a quem não faz questão de mantê-la e não há quem administre movimento, que redunda em saúde, a quem deseja entregar-se à inércia de não mais tentar.

Durante a viagem, siga rigorosamente um plano de manutenção, sugerido por um especialista da sua preferência. Independentemente da linha que adote, importa que seja profissional capacitado, técnico e moralmente, para cuidar do seu equilíbrio geral. O ser continuará as suas viagens, inovando-se sempre. A sua manutenção não se restringe à viagem atual apenas, é muito mais ampla, requerendo consciência de continuidade. O que hoje se semeia, colhe-se amanhã, mesmo que esse amanhã seja em outra esfera.

Relacionar o bom funcionamento da máquina ao equilíbrio interior e das emoções é fundamental. Há aqueles que ainda se apegam exclusivamente à ciência, tratando os problemas do corpo como se as suas origens fossem somente físicas. No entanto, ansiedades causam gastrites, em um estágio mais avançado, úlceras.

A manutenção do ser abrange práticas que visam melhorar nossa qualidade de vida, fazendo-nos crer que ela depende de como nos relacionamos com todos à nossa volta. A definição de saúde segundo a OMS (Organização Mundial da Saúde) é "um estado de completo bem-estar físico, mental e social e não somente ausência de afecções e enfermidades".

SETE FATORES DE DEPRECIAÇÃO DO SER

PRIMEIRO FATOR

Corrosão das virtudes: evite a corrosão das boas virtudes, peças individuais e diferenciais do motor-coração de cada ser. Os danos dessa perda são consideráveis, implicando reajustes em longo prazo.

SEGUNDO FATOR

Empáfia: fator de corrosão sutil do ser.

Previna-se, pela ação do agente anticorrosivo específico chamado humildade.

TERCEIRO FATOR

Desgaste por vaidade excessiva: cuidado com a possibilidade de se deixar afetar por esse fator de desgaste. Ative o desconfiômetro para detectá-lo.

QUARTO FATOR

Obstrução pelo materialismo: verifique, com frequência, as veias condutoras dos seus sentimentos. Evite que nelas se acumulem detritos materialistas nocivos.

QUINTO FATOR

Entupimento por maledicência: verifique para que não falte o filtro do silêncio, o qual impede a passagem da maledicência, uma poeira indesejável capaz de penetrar sutilmente – dos ouvidos ao coração.

SEXTO FATOR

Fadiga do motor: cuide para que haja sempre a dose certa de ânimo, importante aditivo administrado ao óleo-sangue da sua máquina humana. Sem ele, o motor pode fundir.

SÉTIMO FATOR

Parada de válvulas: o melhor desempenho das válvulas do seu motor-coração deve-se ao eixo de manivelas do humor, responsável pelo equilíbrio perfeito do seu ser.

O LADRÃO ARREPENDIDO

Não sei dizer se José Soares Cardoso era um exímio vendedor de joias que fazia poesia e palestras por onde passava ou se era um poeta e palestrante que vendia joias riquíssimas como a própria poesia. Fico com a segunda opção, pois já nasceu grande poeta. Caixeiro viajante, percorria o interior dos estados para atender a sua extensa clientela e também oferecia o ouro da sua palavra em palestras pelos centros espíritas de todo o Brasil.

Cardoso emergia de muitas dificuldades, recomeçando a sua atividade na nova residência em Cuiabá, após um longo período em São Paulo. Estava no seu segundo casamento e teria o primeiro filho, em março de 1979. Um mês antes do nascimento da criança, Cardoso retornava para casa após visitar alguns clientes, quando resolveu comprar pães, leite e queijo.

Ao chegar em casa, descendo com os pacotes, não trancou o carro. Conversou com a esposa por alguns minutos e voltou para apanhar, no porta malas, a sua pasta com as joias. Qual foi a sua surpresa? Não havia mais pasta alguma... Roubaram-lhe todos os pertences e a mercadoria alheia que ainda deveria pagar, causando-lhes, a ele e à sua esposa, um mal-estar intraduzível. Choraram juntos e oraram fervorosamente, afinal, nada mais poderiam fazer. Depois, registraram a queixa na delegacia de Cuiabá.

Segundo comentava Cardoso, o grande apóstolo dos gentios – São Paulo – na sua Epístola aos Romanos, 12:20, assegura que, quando beneficiamos os nossos inimigos – e a oração é uma forma de benefício –, "amontoamos brasas sobre a sua cabeça".

Oraram todos os dias, rogando a Deus que iluminasse o ladrão que os havia deixado em situação crítica. Em meio às dificuldades, considerando que não tinha como dar continuidade à atividade de venda de joias, viviam uma grande expectativa com o nascimento do filho.

Para a surpresa de todos, quando Cardoso e a sogra voltaram da maternidade depararam-se, ao chegar em casa, com uma maleta deixada na entrada lateral. Estava toda revirada por dentro, porém nada faltava, ali estavam todas as joias! Em cima de tudo, havia um bilhete do estranho ladrão: "Me perdoe por ter feito isso. Eu não sou um ladrão. Eu fiz isso porque precisava de dinheiro, não por malandragem. Me perdoe, não fiquei com nada seu. Está tudo aqui. Vou viajar para Campo Grande. Adeus" e assinou de forma ilegível. Festejaram a resposta às suas preces.

Cardoso telefonou ao amigo, Eurícledes Formiga, que pediu uma cópia do curioso bilhete, exibindo-a em palestras sobre a eficácia da prece, no Centro Espírita Perseverança. Alguns dias depois, Formiga estava na companhia de Francisco Cândido Xavier, em Uberaba. Ele comentou com Chico sobre o ocorrido e perguntou: "Qual a explicação para isso, Chico?". E ele respondeu-lhes com suas palavras sábias: "Se ele tivesse se entregado ao desespero e à revolta, a maleta jamais teria voltado às suas mãos, mas como colocou o assunto nas mãos de Deus, os benfeitores espirituais envolveram o rapaz e ele não descansou enquanto não devolvesse a maleta de joias".

Trata-se de uma lição de fé do Cardoso, que fazia – e hoje o faz na espiritualidade, onde se encontra – a sua manutenção por meio da prece, entregando nas mãos do criador as suas esperanças e as suas dores, as suas alegrias e os seus desafios, demonstrando a confiança plena no programa de manutenção do pai para todos os seus filhos.

EXERCÍCIO PARA A MANUTENÇÃO
DOS VALORES DO SER

A base dessa manutenção é a gratidão. Agradeça ao criador, agora.

- Pela sua existência.
- Pela consciência da necessidade de melhorias constantes.
- Pelos amigos que o amam.
- Pelas ausências e pelas presenças, agradeça pela saudade que faz o seu coração pulsar.
- Por ter a mente sã e poder planejar as suas metas.
- Por ter fracassado algumas vezes e ter descoberto que não seriam adequados os caminhos que havia escolhido.
- Por cultivar a esperança na vitória!

MANUTENÇÃO

Seu momento
de parar, de zelar.
De inquirir, de saber,
de reconstruir!
Seu momento
de auscultar, de esperar,
de conferir, de rever,
de desobstruir!

Atento, atenção,
à ação, ao momento,
tempo de viração,
é parada do vento!
Atenção! Muito atento
aos alertas, sinais,
trovoadas, tormentos,
pare o barco no cais!

10. CUIDADOS ADICIONAIS

QUALIDADE
E MELHORIA
CONTÍNUA

Nós, ocidentais, certamente, trazemos no código genético um DNA "da acomodação" ou algo do gênero. Enquanto os orientais, mais precisamente os japoneses, entendem a palavra qualidade como um substantivo inerente a um processo, nós ainda a traduzimos como um adjetivo atribuído ao produto. Produto não tem qualidade. Processo, sim. Essa definição de William Edwards Deming, um dos mais expressivos gurus da qualidade, responsável pelo programa de recuperação do Japão, a partir de 1945.

Por exemplo, uma banana tem qualidade? Diga-me que sim e deixo-a cair ao chão. Aguardemos vinte e quatro horas e aquele ponto da batida estará com o aspecto bem diferente, mole por dentro, e a coloração será de um tom amarelo escuro. O gosto naquele ponto muda em relação à fruta toda. Você dirá, então, que essa banana não tem qualidade. Todavia, desde o início do processo estava tudo certo. Do plantio à colheita; do transporte até a gôndola do supermercado. Com a queda, "perdeu" a qualidade. Neste ponto do processo, portanto, houve uma falha. Qualidade é inerente ao processo.

Quando os líderes japoneses, sob o efeito dos escombros da guerra, perguntaram ao Deming quanto tempo a nação levaria para mudar a imagem de um país, cujos processos eram precários e a produção sem o rótulo de "qualidade", oferecendo produtos competitivos e "de qualidade", Deming respondeu que seria em 40 anos e que precisariam começar pelo entendimento do conceito correto da palavra.

Em 1985, o "Prêmio Deming" foi concedido às empresas que, após um longo trabalho, haviam quebrado os inúmeros paradigmas que as impediam de se distinguirem no mercado internacional. O Japão passou a ter o respeito mundial e a estabelecer os parâmetros de qualidade no mundo.

Curiosamente, Deming era americano, mas os EUA demoraram para compreender os seus princípios e fundamentos. O ocidente resistia aos novos modelos mentais e por isso, se atrasava, enquanto os japoneses ganharam o mercado internacional, do pequeno espaço territorial que ocupam, incomodando as grandes nações, inclusive os próprios EUA. A China, o grande urso que acordou da sua hibernação comercial, também aderiu imediatamente aos conceitos que garantem qualidade aos processos.

Essa pequena retrospectiva nos conduz à reflexão sobre os cuidados adicionais. Cuidar-se requer um entendimento do que seja melhoria contínua. Nenhum processo, produtivo ou não, é absolutamente estável, carecendo, portanto, de acompanhamento constante e de melhorias. Se nos deixarmos levar pela preguiça, seguramente sofreremos as consequências dessa acomodação e nenhum processo de melhoria acontecerá.

Os cuidados adicionais que devemos ter com a nossa máquina humana e com o nosso ser estão profundamente relacionados, direta e proporcionalmente, ao conceito de qualidade de vida que buscamos e que nos exige uma mudança de modelo mental, ou seja, atitudes que geram resultados felizes e eficazes.

PRIMEIRO CUIDADO

Verifique, frequentemente, as condições de saúde da sua máquina, cooperando para que seja preservada.

SEGUNDO CUIDADO

Para que não perca a garantia – concedida pelo arquiteto do universo –, respeite as limitações naturais da sua máquina, sem submetê-la a ameaças desnecessárias.

TERCEIRO CUIDADO

Observe, no painel dos nervos, os sinais indicativos de possíveis avarias que demandam reparos urgentes.

QUARTO CUIDADO

Adicione com frequência o aditivo da paciência ao sistema circulatório da sua máquina.

QUINTO CUIDADO

Evite poluir o óleo-sangue com substâncias nocivas como ódio, mágoa, tristeza, rancor, orgulho, mesquinhez, inveja, maldade, preconceito, ciúme etc.

SEXTO CUIDADO

Utilize os fluidos da música e da poesia junto com o combustível dos sonhos, pois isto aumentará o rendimento da máquina.

SÉTIMO CUIDADO

A cada novo dia, sintonize-se com o arquiteto do universo, consultando-o quanto às medidas a serem tomadas para que a sua viagem transcorra em paz.

O TRATADOR DE CAVALOS

Waldemar é um tratador de cavalos. Há muito tempo exerce essa atividade como principal na fazenda em que trabalha. Dia após dia, demonstra o amor que tem pelos animais, em meio às dificuldades que enfrenta.

É um pai de família especial. Sempre procurou dar atenção aos filhos, recomendando que valorizassem todas as oportunidades de aprender, já que a vida não lhe ofereceu facilidades. Enquanto trabalha, sempre que possível, mantém um rádio sintonizado nas estações que transmitem jornais, para a sua atualização.

Certo dia, recebeu uma oferta de trabalho, em uma fazenda de outro município perto dali. Receberia maior salário e teria alguns benefícios a mais. Convinha, todavia, verificar se havia escola próxima à fazenda, pois os seus filhos mais novos não poderiam depender dele para o deslocamento até a instituição de ensino. Verificou que a escola não era próximo à fazenda, e isto o desmotivou a aceitar o convite.

Um amigo de Waldemar abordou-o, dizendo o seguinte:

– Você vai recusar tal convite, só porque a escola é distante? Há uma oportunidade à sua frente para deixar de ser um simples tratador de cavalos e tomar conta de uma fazenda inteira, onde terá maiores responsabilidades. Pense na melhoria da condição de vida!

Ao que Waldemar respondeu com simplicidade:

– Ganho muito pouco como tratador de cavalos, há mais de vinte anos. Se ganhasse cem mil reais, de repente, sabe o que eu faria?

– Não...

– Seria um tratador de cavalos. Mas se eu ganhasse, numa tacada só, quinhentos mil reais, sabe o que faria?

– Não!

– Continuaria tratando de cavalos. Mas se recebesse acima de um milhão de reais, em uma loteria qualquer, sabe o que realmente eu faria?

– Não.

– Continuaria sendo um simples tratador de cavalos, vivendo com menos preocupações materiais apenas!

– Faço o que gosto. Faço com amor.

> *Segundo a Organização Mundial da Saúde (OMS), o homem deve atingir as metas relacionadas aos campos profissional, material, educacional, social, da saúde e espiritual para sentir-se feliz.*

EXERCÍCIO DOS
CUIDADOS ADICIONAIS

1. Pense agora sobre seus vários papéis – e seus processos – distintamente: filho(a), pai/mãe, profissional, amigo(a).

2. O que pode ser melhorado? Como?

3. O que pode ser fortalecido? Como?

4. O que representa desgaste e deve ser esquecido, deixado de lado?

5. O que mais o motiva? Alguns fatos sugerem alterações de rota?

6. Quais as providências a tomar para que o presente tenha mais força do que o passado e o futuro?

7. Cada dia é um processo em que cabe melhorias. Cada fase da vida, uma parte da estrada, onde a visão de qualidade influenciará na sua viagem. Não se avalia a qualidade da partida ou da chegada, mas de toda a viagem.

CUIDADOS

Cuidados são exigidos,
a vida é mais que viajar
com sua rota traçada
e algum lugar pra chegar.
Importa é sentir-se bem
durante todo o viajar!
Cuidados são exigidos,
deixe a poeira assentar...
Pressa só aumenta o risco,
faz o carro derrapar...
Planeje toda a viagem,
cuide-se bem pra viajar!

Cuidados são exigidos
para o sucesso ocorrer.
Cuide da fé que remove
as montanhas do viver,
cuide da máquina humana,
cuide do seu próprio ser!

BREVE GLOSSÁRIO

SER
O espírito.

MÁQUINA HUMANA
O corpo.

VIAGEM ATUAL
A vida.

ESTRADA DA ETERNIDADE
Pista de mão única, por onde o ser trafega, sem volta.

BÚSSOLA DO DISCERNIMENTO
O livre arbítrio.

ARQUITETO DO UNIVERSO
A suprema inteligência do universo, causa primeira de todas as coisas, Deus, Criador, pai.

VIAGEM INTERIOR
A busca do autoconhecimento, do autodescobrimento.

VINÍCIUS GUARNIERI

Miguel Vinícius Guarnieri de A. Ferreira é graduado em Engenharia Agronômica pela Universidade Federal de Lavras. Com expressiva carreira em empresas multinacionais, atuou nas áreas de marketing, vendas e recursos humanos.

Coach executivo e empresarial e palestrante renomado, Vinícius também é educador financeiro formado pela DSOP Educação Financeira, com especialização em Gestão Financeira pelo Unítalo, e se dedica à reestruturação e à recuperação de empresas.

É autor do livro *Revolução das mudanças – dinâmica consciencial do sucesso* e coautor do livro *Alquimia pessoal – como vencer a autossabotagem e atingir a prosperidade total*. Com o pseudônimo literário Miguel Formiga, lançou o livro *Euclides Formiga – De poeta a médium* (2010) e é comunicador da Rede Boa Nova de Rádio (www.radioboanova.com.br), onde conduz seu programa Talentando.

Tem como pilares do seu trabalho a liderança, o autoconhecimento e a espiritualidade. Violonista, poeta e compositor, utiliza a arte para a transmissão de conceitos nos seus treinamentos.

www.viniciusguarnieri.com.br

VIDA MANUAL DO PROPRIETÁRIO

Esta obra foi composta na fonte Calibri, corpo 11, entrelinha 13,2 e impressa em papel Offset 120 g pela Intergraf Indústria Gráfica Eireli, em março de 2016.